講座
図書館情報学
3

山本順一
[監修]

# 図書館
# 制度・経営論

ライブラリー・マネジメントの現在

安藤友張

[編著]

ミネルヴァ書房

## 「講座・図書館情報学」刊行によせて

　(現生)人類が地球上に登場してからおよそ20万年が経過し、高度な知能を発達させたヒトは70億を数えるまで増加し、地球という惑星を完全に征服したかのような観があります。しかし、その人類社会の成熟は従来想像もできないような利便性と効率性を実現したものの、必ずしも内に含む矛盾を解消し、個々の構成員にとって安らかな生活と納得のいく人生を実現する方向に向かっているとはいえないようです。科学技術の格段の進歩発展の一方で、古代ギリシア、ローマと比較しても、人と社会を対象とする人文社会科学の守備範囲は拡大しこそすれ、狭まっているようには思えません。

　考古学は紀元前4000年代のメソポタミアにすでに図書館が設置されていたことを教えてくれました。図書館の使命は、それまでの人類の歴史社会が生み出したすべての知識と学問を集積するところにありますが、それは広く活用され、幸福な社会の実現に役立ってこそ意味があります。時代の進歩に見合った図書館の制度化と知識情報の利用拡大についての研究は図書館情報学という社会科学に属する学問分野の任務とするところです。

　1990年代以降、インターネットが急速に普及し、人類社会は高度情報通信ネットワーク社会という新しい段階に突入いたしました。4世紀あたりから知識情報を化体してきた書籍というメディアは、デジタルコンテンツに変貌しようとしております。図書館の果たしてきた役割はデジタル・ライブラリーという機能と人的交流と思考の空間に展開しようとしています。本講座では、サイバースペースを編入した情報空間を射程に収め、このような新たに生成しつつある図書館の機能変化と情報の生産・流通・蓄積・利用のライフサイクルについて検討・考察を加えます。そしてその成果をできるだけ明快に整理し、この分野に関心をもつ市民、学生に知識とスキルを提供しようとするものです。本講座を通じて、図書館のあり方とその未来について理解を深めて頂けたらと思います。

　2013年3月

山　本　順　一

# は じ め に

　「図書館制度・経営論」は、今回の図書館法施行規則の改正によって、新しく登場した科目である。前回の改正時（1997（平成9）年）には、「図書館経営論」が1単位科目として登場した。今回の改正では本科目は、図書館をめぐる法制度の要素が追加され、必修の2単位科目としてリニューアルされた。従来のように、1単位科目では時間的な制約があり、十分な内容を教えることができなかったが、今回、単位数が増加したことによって、より充実した内容の科目設定が可能となったといえよう。

　1997（平成9）年の同規則改正以後、日本における公立図書館経営を取り巻く情勢はめまぐるしく変化した。指定管理者制度、PFI（Private Finance Initiative）、市場化テスト等の導入にみられるように、地方自治法上の「公の施設」である公立図書館の経営環境は市場化の波に晒されている。正規の公務員である司書による、直営の公立図書館の事例が年々減少している。その一方、民間企業、特定非営利活動法人（NPO法人）等が、公立図書館の運営主体となっている事例が徐々に増えつつある。この背景には、NPM（New Public Management）と称される思想がある。公共セクターの新しい経営手法の改革理念であるNPMは、(1)業績（成果）による統制、(2)市場メカニズムの活用、(3)顧客主義、という特徴をもっている。このようなNPMの思想は、イギリスなどの諸外国で普及し、日本でも注目されるようになった。

　政権が交代した2009年、「新しい公共」と称される概念に基づき、国の政策課題が掲げられた。「新しい公共」の概念であるが、鳩山由紀夫元首相は、就任後、最初の衆参両院本会議における所信表明演説（2009年10月26日）のなかで、以下のように説明している。「『新しい公共』とは、人を支えるという役割を、『官』といわれる人たちだけが担うのではなく、教育や子育て、街づくり、防

犯や防災、医療や福祉などに地域でかかわっておられる方々一人ひとりにも参加していただき、それを社会全体として応援しようという新しい価値観です」。昨今の日本では、貧困や格差が拡がるなかで、人間が人間らしく生きる権利が十分に保障されなくなっている。「無縁社会」という新しい言葉も登場し、地域共同体の崩壊という深刻な問題も生じている。今後、「新しい公共」の概念について議論を深めると同時に、それに基づいた実践が求められる。

　さらに2012年末、政権が再び交代した。安倍晋三が再度首相の座に就き、「アベノミクス」と称される経済政策が実施され始めた。大規模な公共投資などによって、景気回復を期待する向きもある。老朽化した図書館施設の耐震工事など、多種多様なインフラ（社会基盤）の補修・更新という政策課題が指摘されている。公共事業の拡大により、国・地方公共団体の財政逼迫が懸念されるが、対策を講じないまま先送りすれば、尊い人命が失われる大惨事が起こりかねない。

　ひるがえって、道州制や大阪都構想等、地方公共団体の経営の効率化をめざす最近の動きも、今後の公立図書館政策に様々な影響を及ぼすであろう。北海道夕張市のように、今後、財政破綻をきたす地方公共団体が登場する可能性も十分ありうる。再建団体となった市町村の、公立図書館は一体どのようになるのか。廃止か、それとも存続か。公立図書館の存在理由が問われる。また、2011年3月11日に発生した東日本大震災は、東北地方を中心に大きな犠牲と被害をもたらし、いまもなお多くの人々が避難生活を余儀なくされているが、図書館をはじめ、被災地となった各地方公共団体の行政サービスにも大きな打撃を与えた。今回の震災によって、わたしたちに改めて図書館における危機管理の課題がつきつけられた。

　さて、本書では、公立図書館をめぐる新しい動向を可能な限り、踏まえた内容を加味した。テキストという性格上、できる限り客観的な記述を心がけたが、各執筆者の個性と意見を排除しないように努めた。これは異色の編集方針と思われるかもしれない。たとえば、公立図書館経営における指定管理者制度の導入をめぐって、賛成の論者と反対の論者の両方が執筆陣に含まれているが、両

はじめに

論併記することで全体のバランスが調整できたと編者は考えている。

　また、本書では、無味乾燥な内容構成にならないように数編のコラムを掲載し、大学の司書課程の受講生が、図書館をめぐる法制度や経営論に関心をもち、親しめるような話題も用意した。最近のわが国における図書館界の大きな話題の一つとなっている、武雄市立図書館への指定管理者制度導入問題（指定管理者はカルチュア・コンビニエンス・クラブ）もコラム欄で取りあげた。本書は全12章で構成されているが、コラムを含めれば、15回分の標準的な授業回数に対応できると思われる。講義の実践をも反映し、今後、内容の改訂や充実を図りたい。多方面の読者各位からの建設的なご意見をお願いしたい。

　本書の執筆陣であるが、現在の学界で活躍している中堅・若手の図書館情報学研究者が中心となっている。同時に、ご多忙な最中、学界のリーダー的存在である山本順一先生からも執筆のご協力を得ている。編者として、執筆者の方々に深くお礼申し上げる。

　最後になったが、ミネルヴァ書房の水野安奈氏には大変お世話になった。執筆者を代表して謝意を表する。

（補記）

　日本の場合、「公共図書館」のほとんどが地方自治体が設置した「公立図書館」である。法令用語の「公立図書館」であるが、本書ではその同義語として「公共図書館」という用語も便宜的に使用する。

　2013年2月

安藤友張

# 図書館制度・経営論
——ライブラリー・マネジメントの現在——

## 目　次

はじめに

## 第1章　図書館の法的基盤 ……………………………………………… 1
　　　　　——図書館法を中心に
　　1　世界の図書館をめぐる法の基本的仕組み　2
　　2　日本の図書館をめぐる法制度　4
　　3　図書館法の構成と内容　8

## 第2章　図書館法以外の図書館関連法規 …………………………… 19
　　1　社会教育法　19
　　2　地方教育行政の組織及び運営に関する法律　21
　　3　国立国会図書館法　23
　　4　大学設置基準　25
　　5　学校図書館法　27
　　6　子どもの読書活動の推進に関する法律　29
　　7　文字・活字文化振興法　32
　　8　その他の関連法規　35
　　コラム　議員立法　38

## 第3章　国の図書館政策 ……………………………………………… 40
　　1　中央政府による政策の意義　40
　　2　外国の図書館政策　41
　　3　国と地方の役割分担　43
　　4　所管部局と審議会　44
　　5　日本の図書館政策　45
　　6　日本図書館協会　49

## 第4章　地方公共団体の図書館政策 ………………………………… 51
　　1　図書館の計画の策定　52
　　2　地方公共団体における図書館の位置づけ　55

3　地方公共団体の計画　57
　　　4　図書館の予算　59
　　　5　図書館振興策　62
　　コラム　事業仕分けと図書館　64

## 第5章　図書館の職員体制と司書職制度　65
　　　1　図書館の機構及び職員体制　65
　　　2　司書という呼称　69
　　　3　司書資格　71
　　　4　専門職としての司書職制度　73

## 第6章　図書館職員と専門性　77
　　　1　正規職員　77
　　　2　非常勤職員　80
　　　3　業務委託による職員　83
　　　4　管理委託制度から指定管理者制度へ　86
　　コラム　映画で学ぶ公務員・公共サービスのあるべき姿　92

## 第7章　図書館の施設・設備　94
　　　1　図書館建築　95
　　　2　図書館の設備　100

## 第8章　図書館における危機管理　106
　　　1　現代社会における危機管理と図書館　106
　　　2　図書館と自然災害　110
　　　3　インターネットと図書館の危機管理　116
　　　4　図書館における人的トラブルへの対応　120
　　コラム　東日本大震災と図書館　122

## 第9章　図書館経営の評価とマーケティング　124
　　　1　図書館経営をめぐる新たな潮流　125

2　評価の意義と役割　130
　　3　評価の実例——東京都千代田区立図書館の場合　133
　　4　公共サービスへのマーケティングの適用　135
　　5　協働・連携と図書館運営　139
　　コラム　図書館への寄付　143

第10章　図書館の管理形態の多様化（1）………………………………144
　　　　——指定管理者制度
　　1　指定管理者制度とは何か　144
　　2　公立図書館経営と指定管理者制度　148
　　3　指定管理者制度をめぐる諸課題　151
　　コラム　武雄市立図書館における指定管理者制度の導入問題　153

第11章　図書館の管理形態の多様化（2）………………………………156
　　　　——PFIと市場化テスト
　　1　PFIと市場化テスト導入の背景　156
　　2　図書館とPFI　158
　　3　図書館と市場化テスト　164
　　コラム　新聞記事に見る図書館の様々な管理運営形態　169

第12章　ケーススタディ：岐路に立つ地方公共団体と図書館経営
　　　　………………………………………………………………………171
　　1　地方公共団体の財政破綻による公立図書館のゆくえ　171
　　　　——北海道夕張市のケース
　　2　財政難の小規模地方公共団体による公立図書館設置へ向けた
　　　　取り組み——福島県矢祭町と島根県海士町のケース　178
　　3　よりよい図書館づくりに向けて　187
　　コラム　図書館建設を争点とした首長選挙　191

索引

## 第1章　図書館の法的基盤
　　　　　——図書館法を中心に

　わたしたちの生活とその行動の多くは、法律や社会的な規範によってコントロールされ、秩序づけられている。利用者に対して、利用者の求める情報や知識を提供する図書館についてもそれを規律する法律や規則、社会的な規範が存在する。また、外から押し付けられるルールとしてではなく、図書館サービスを受けるコミュニティと個々の利用者が意識するとしないにかかわらず自主的に遵守しているマナーも存在している。現在、世界には200近くの国や地域があるが、そのほとんどすべてに学校教育あるいは社会教育に連なる図書館が設置・運営されており、そこにはその地域の社会経済的な発展段階と文化を反映した図書館立法と図書館利用マナーが存在し、それらは多様な内容を含んでいる。

　基本的人権にかかわるもっとも基本的な国際条約である国際人権規約（第21回国連総会1966年採択1976年発効、日本の批准は1979年）のなかで「B規約」と呼ばれている「市民的及び政治的権利に関する国際規約」の19条2項には、「すべての者は、表現の自由についての権利を有する。この権利には、口頭、手書きもしくは印刷、芸術の形態または自ら選択する他の方法により、国境とのかかわりなく、あらゆる種類の情報及び考えを求め、受け及び伝える自由を含む」と定められている。ここにある「あらゆる種類の情報及び考えを求め、受ける」市民の権利に正面から応える社会的機関が図書館に他ならない。

　この国際条約の締約国をはじめ、世界の国々は、人権諸条約の趣旨を国内的に具体化すべく、情報提供を任務とする図書館を法によって制度化している。

# 1　世界の図書館をめぐる法の基本的仕組み

それぞれの国の国法秩序の頂点には憲法が位置する。南アフリカ共和国憲法（1996年）は、図書館情報サービスの提供について憲法上の根拠を与え、州に対しても国立図書館以外の図書館の設置運営の制度を整備する責任を課している。イタリア憲法も州に対して県や市町村が設置する公立図書館の監督権を定めている。

また、連邦国家であるアメリカ合衆国の連邦憲法は図書館に関する定めをもたないが、州憲法のなかには直接図書館に言及しているものがある。具体的には、12の州の憲法が図書館に関する規定を置いている。ミシガン州憲法8条9項は、「州議会は、法律により、公共図書館を管理・運営する機関が制定した規則に基づき、州のすべての住民に利用可能な公共図書館の設置及びそれに対する援助について定めるものとする。法の定めるところにより数個の郡、町及び市における、あらゆる刑罰規定の違反に対して科せられ徴収されるすべての罰金は、もっぱらこれら公共図書館及び各郡の法律図書館を維持するために用いられるものとする」とうたっている。

また、ミズーリ州憲法9条10項は、「ここに州とその下部機関および地方公共団体が、無料の公共図書館の設置及びその発展を推進し、法律に定める方法で公共図書館を援助するという義務を受入れることこそ当州の政策である、と宣言する。すべての州の下部機関ないし地方公共団体が無料図書館を援助するとき、州議会は、法律に定められた方法および価額の範囲内で、公共図書館に対して補助を与えるものとする」と定めている。

図書館行政を支持する法思想は情報の入手、情報へのアクセス、知る権利、表現の自由、能力に応じて教育を受ける権利などに言及した国際人権諸条約に盛り込まれており、それを国内法化し実施するのは各国の責務である。先に若干の例を紹介したが、国内法制度の要となる憲法で直接図書館に言及することはまれである。通常は、国会や議会で図書館に関する制定法を成立させ、これ

第1章　図書館の法的基盤

図1.1　図書館と図書館行政を支持する法制度のイメージ

を運用することが一般的である。国際図書館連盟のホームページにあたると、比較的新しく制定されたチェコ共和国の図書館サービス法（2001年）、デンマークの図書館サービス法（2000年）、フィンランドの図書館法（1998年）、ノルウェーの1997年改正法を含む図書館関係法、フィリピンの議会図書館及び市町村立図書館等の設置に関する法律（1994年）、ロシアの図書館サービスに関する連邦法（1994年）、スウェーデンの図書館法（1996年）をみることができる。図書館にかかわる法律としては、公共図書館や国立図書館等その他の館種の図書館の設置管理運営を定める法律の他、国によって、法定納本制度や公共貸与権（public lending right）に関する法律等が別途定められている。

　公共図書館は、アルゼンチン等のようにNPO等によって設置・運営されることもあるが、通常は地元の地方公共団体が公立図書館として設置・管理・運営するため、国の法律の範囲内で、直接的には設置団体である地方公共団体の条例等に規律されている。図1.1を参照してほしい。

　各国の図書館行政を精査・吟味するときに、法規範としての効力はもたないが、国際図書館連盟とユネスコ（国際連合教育科学文化機関）とが作成し1994年に採択した「ユネスコ公共図書館宣言」[1]や、同じくこの二つの国際的組織が2001年に公表した「公共図書館サービス：IFLA/UNESCO発展のためのガイ

3

ドライン」[2]、さらには「ユネスコ学校図書館宣言」（1999年採択）[3]等は、日本の図書館の世界がガラパゴス化しないためにも、大いに参照されるべきである。

## 2　日本の図書館をめぐる法制度

### 2.1　図書館の憲法的基礎

　日本の国内法の頂点には、1946（昭和21）年11月3日に公布された日本国憲法が位置する。国民の代表から構成される国会といえども、この最高法規である憲法に抵触する法律を制定することはできず、憲法に違反する限りにおいて法律の効果は否定され、無効とされる。日本国憲法98条2項は、日本が締結した国際条約、ならびに国際社会において確立された規範の遵守を求めており、教育や文化、情報へのアクセス等に言及する国際人権諸条約は図書館と図書館サービスを一定の範囲において支持するものといえる。すなわち自己実現と自己統治のための読書を支える「思想および良心の自由」（19条）、宗教書等を読み理解を深める「信教の自由」（20条）、自分自身のものの見方、考え方を練り上げるための図書館利用の基礎にある「知る権利と表現の自由」（21条）、学術文献の利用が不可欠の「学問の自由」（23条）、レクリエーションとしての読書等一定の「文化的最低限度の生活」の保障（25条）、非営利無償の図書館が推進する「能力に応じた教育」（26条）等、憲法の諸規定が理念的に図書館の存在と制度の整備を要請している。図書館は、老若男女、貧富の差を越えて「平等」に利用できなければならず（14条）、知識と情報の獲得を通じて市民の「幸福追求」（13条）を支援するものであり、知的自立と精神的自由を保障する図書館は基本的人権の多くを確保するものであり、基本的人権の永久の行使を

---

1）日本語訳は「ユネスコ公共図書館宣言　1994年」http://www.jla.or.jp/portals/0/html/yunesuko.htm,（参照2013-1-23）を参照。
2）邦訳は『理想の公共図書館サービスのために：IFLA/UNESCO ガイドライン』日本図書館協会，2003，156p.
3）邦訳は「ユネスコ学校図書館宣言」http://www.hyogo-c.ed.jp/~imazu-hs/tosyo/unesco-sengen.htm,（参照2013-1-23）を参照。

可能とするためには図書館とそのサービスは現在の市民だけでなく、将来の市民にも与えられなければならないものである（11条）。

## 2.2 図書館を取り巻く法的構造

図1.2は、日本の図書館に関する法律を図解、一覧にしたものである。憲法の諸規定に盛り込まれた図書館にかかわる明確な図書館像は、その諸規定を具体化する制定法によって造形される。

2006（平成18）年に改正された、日本国憲法の精神に則る教育基本法（旧法の公布日は1947（昭和22）年3月31日）は、生涯学習の理念（3条）と教育の機会均等（4条）をうたい、その12条2項において、国及び地方公共団体が「図書館、博物館、公民館その他の社会教育施設の設置、学校の施設の利用、学習の機会及び情報の提供その他の適当な方法によって社会教育の振興に努めなければならない」と定めている（下線は筆者による。以下同）。教育基本法のもとに、学校教育法（昭和22年3月31日）と社会教育法（昭和24年6月10日）がある。学校教育法施行規則に「学校には、その学校の目的を実現するために必要な校地、校舎、校具、運動場、図書館又は図書室、保健室その他の設備を設けなければならない」（1条1項）とあり、物理的な施設としての小中学校、高校に付設される学校図書館と大学図書館などの設置が義務付けられている。大学をのぞき、小中学校、高校には、さらに学校図書館法（昭和28年8月8日）が適用される。この学校図書館法は、主として司書教諭という専門的職務に従事する教員と学校図書館のあり方を定める立法とみてよい。社会教育法は、学校教育以外の主として青少年及び成人に対して行われる官民の組織的な教育活動である「社会教育」について定めるもので、社会教育に関する行政を行う教育委員会の所管事務、さらには公民館という日本に固有の施設について規定している。この社会教育法の9条2項には「図書館及び博物館に関し必要な事項は、別に法律をもつて定める」とあり、この規定を受けて現物ないしはレプリカ（複製物）を通じて知識と情報を提供する博物館を規律する博物館法（昭和26年2月1日）とともに、図書館法（昭和25年4月30日）が存在する。公共図書館についての法律で

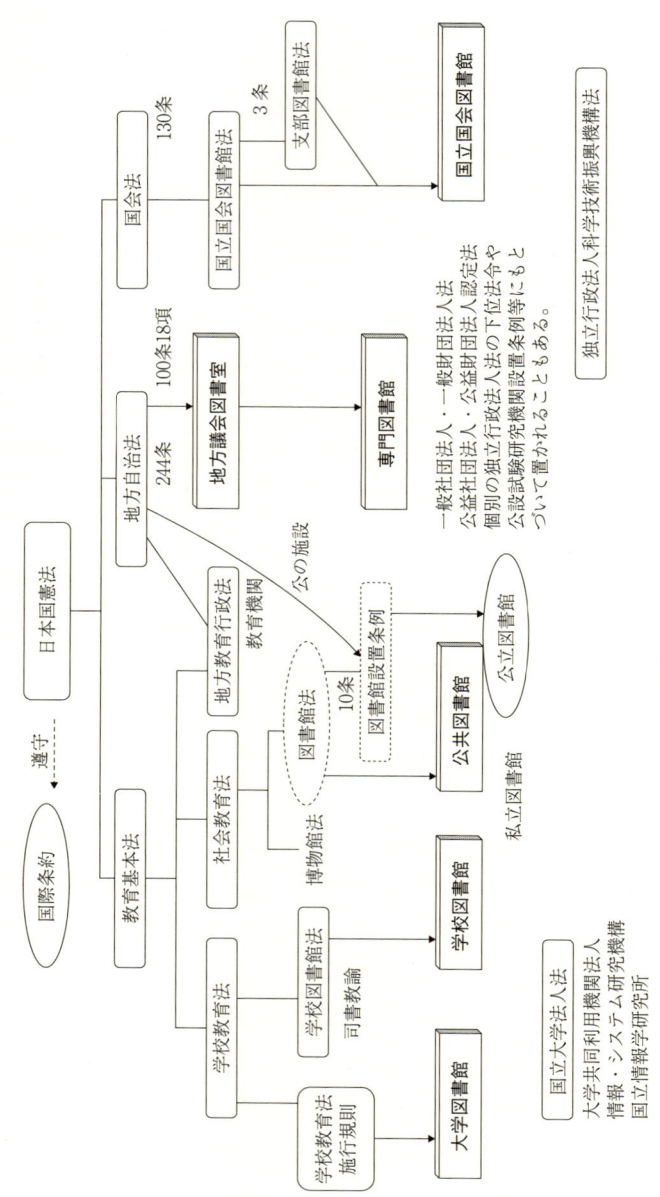

図1.2 日本の図書館に関する諸法の一覧

(注) 筆者作成。

ある図書館法については、後に節をあらためて、少し詳しく見ていくこととする。

　図書館法が対象とする市民の利用に開かれた公共図書館のうち、都道府県や市町村が設置する公立（公共）図書館は地方自治法（昭和22年4月17日）上の「公(おおやけ)の施設」にあたり、図書館法10条ともあいまって条例設置とされ、その利用は平等原則等の法の一般原則が妥当する住民の法的権利とされている。教育委員会とその所管事務を定めた地方教育行政の組織及び運営に関する法律（地教行法）（昭和31年6月30日）は、この公立図書館を学校、博物館、公民館等と並べて「教育機関」の一つに数えあげている。

　地方自治法は、100条18項で「議会は、議員の調査研究に資するため、図書室を附置」するものとし、地方議会図書室を必置の施設としている（その実態は様々である）。地方議会図書室もまた税金によって維持されており、支障のない限り、その利用は住民に開かれている。

　地方議会図書室は、地方自治や地域振興等といった特定の主題に強い「専門図書館」の一つであるが、専門図書館の法的基礎は多様である。国や地方の行政機関、独立行政法人に付設される専門図書館はそれぞれの設置母体の組織法に根拠をもつ。国や公設の試験研究機関の図書室や資料室は、関係する法や条例、その下位法令によって定められている。市民の利用に開かれ、特定の分野の専門性の高い情報を提供している民間の専門図書館については、一般社団法人及び一般財団法人に関する法律の定めにしたがい法人格を得た一般社団法人や一般財団法人が設置するものがあり、一般社団法人や一般財団法人から公益社団法人及び公益財団法人の認定等に関する法律による公益認定を受けた公益社団法人や公益財団法人が設置するものもある。特定非営利活動促進法に基づく特定非営利活動法人（NPO法人）が関与することもあり、株式会社等の商事会社がその一部として専門図書館を運営することもできる。

　法定納本制度に支えられ、全国書誌を編纂し、その国の文献情報などの利用促進と文化財としての保存に取り組み、最近ではデジタル・アーカイヴィング（デジタル化の推進、デジタル・コンテンツの収集）をも任務に加えている国立図書

館（national library）については、日本では国立国会図書館がその役割を果たしている。国立国会図書館は立法府のなかに置かれていることから、国会法130条が「議員の調査研究に資するため、別に定める法律により、国会に国立国会図書館を置く」と定め、ここで「別に定める法律」と言及されているのが国立国会図書館法（昭和23年2月9日）である。国立国会図書館は、その範としたアメリカ議会図書館にもない、行政府、司法府に「支部図書館」を擁している。その仕組みについては国立国会図書館法の規定により行政各部門に置かれる支部図書館及びその職員に関する法律（支部図書館法）が規定している。

　図書館の世界では、デジタル化された膨大な書誌レコードを保有し、その大規模書誌データベースを利用して様々なサービス（例：総合目録データベース）を提供する組織のことを書誌ユーティリティ（bibliographic utility）という。世界の国々においても書誌ユーティリティが重要な役割を果たしているが、日本では国立情報学研究所がそれにあたる。同研究所は、現在、大学共同利用機関法人 情報・システム研究機構の一部とされており、国立大学法人法にその存立の法的基礎をもつ。また、日本最大級の科学技術文献データベース JDreamⅡを提供するだけでなく、電子ジャーナルの提供等も行っている文部科学省所管の科学技術振興機構は、独立行政法人科学技術振興機構法を設置の根拠としている。

## 3　図書館法の構成と内容

### 3.1　図書館法が対象とする図書館とそのサービス

　図1.3に沿って説明を加える。

　図書館法が対象としている「図書館」は、「図書、記録その他必要な資料を収集し、整理し、保存して、一般公衆の利用に供し、その教養、調査研究、レクリエーション等に資することを目的」とするもので、「地方公共団体、日本赤十字社または一般社団法人もしくは一般財団法人」によって設置されるものである（2条1項）。図書館法の規律する図書館は一般公衆、すなわち市民に開

第1章　図書館の法的基盤

**図書館法**

第1章　総則（1条～9条）
　1条　この法律の目的
　2条　定義
　　1項　「図書館」
　　2項　「公立図書館」「私立図書館」
　3条　図書館奉仕（1号～9号）
　4条　司書（2項）および司書補（3項）
　5条　司書（1項）および司書補（2項）の資格
　6条　司書および司書補の講習
　　1項　文部科学大臣の大学への委嘱
　　2項　講習科目・単位（15単位以上）等→省令
　7条　司書および司書補の研修
　7条の2　設置および運営上望ましい基準
　7条の3　運営の状況に関する評価等
　7条の4　運営の状況に関する情報の提供
　8条　図書館協力の依頼（県教委→市町村教委）
　9条　政府刊行物等の提供
　　1項　県立図書館への政府刊行物の提供義務
　　2項　国・地方自治体刊行物の公立図書館への提供

第2章　公立図書館（10条～23条）
　10条　公立図書館の条例設置
　11条・12条　削除
　13条　職員
　　1項　館長、その他の職員の配置
　　2項　館長の職務
　14条～16条　図書館協議会の設置、構成等
　17条　入館料等：図書館資料利用の「無料原則」
　18条・19条　削除
　20条　国の公立図書館施設設備経費の一部補助
　21条・22条　削除
　23条　国からの一部補助の違法受領の返還等

第3章　私立図書館（24条～29条）
　24条　削除
　25条　県教委と私立図書館との関係
　26条・27条　国・地方自治体との関係
　28条　私立図書館の入館料等徴収可能
　29条　図書館同種施設

附　則
　10項　大学に準ずる学校、大学に入学することのできる者とされるのに必要な卒業・修了学校

**図書館法施行規則**

第1章　図書館に関する科目（1条）
　1条　大学における図書館に関する科目（法5条1項1号）
第2章　司書および司書補の講習（2条～12条）
　2条　第2章の趣旨（法6条）
　3条　司書講習受講資格
　4条　司書補講習受講資格
　5条　司書講習設置諸科目と修得単位等
　6条　司書講習設置諸科目と修得単位等
　7条　単位計算方法
　8条　単位修得認定
　9条　講習実施大学長の修了証書授与（1項）と文部科学大臣への報告（2項）
　10条　大学に対する文部科学大臣の講習の委嘱
　11条　官報による講習実施細目の公告
第2章　（大学・高校に）準ずる学校（12条・13条）
　12条　大学に準ずる学校
　13条　高等学校に準ずる学校

**図書館法施行令**
・施設費
・設備費の範囲

図1.3　図書館法の構造

（注1）2012年4月1日以降の法状況をあらわしている。法令の条文見出しなどをそのまま転記することはせず、少しでも分かりやすいものをと心がけた。
（注2）筆者作成。

かれた、いわゆる「公共図書館」(public libraries) であるが、それらは地方公共団体（一部事務組合や広域連合を含む）が設置する「公立図書館」と、日本赤十字社または一般社団法人もしくは一般財団法人が設置する「私立図書館」の2種に大別される（2条2項）。もっとも、日本赤十字社は公共図書館を設置しておらず、その他の市民に公開された私立図書館は2011年現在20館[4]に過ぎず、実態として図書館法は全国に約3100館を数える公立図書館を射程に入れた法律の観がある（法的には図書館法を設置根拠としない、または同法に拠らない公立図書館が一定数、存在する）。ちなみに、原則として、都道府県が公立高校を、市町村が公立の小中学校を設置し、そこには必ず学校図書館が置かれるが、これらの学校図書館は公立図書館には含まれない。

　公共図書館が住民利用者に対して提供するサービスは、その地域社会の事情を踏まえ、住民の情報ニーズに見合ったもので、さらにはその地域の学校教育を支援し、また家庭教育の向上に資するものとされている（3条柱書き）。公共図書館が住民利用者に対して具体的に提供するサービスとそれに必要とされる業務のメニューが例示的に以下の9種のカテゴリーとして示されている。公共図書館が市民の利用に供するべく収集するものとして「図書館資料」という概念が挙げられており、そこにはデジタルを含む「図書、記録、視聴覚教育の資料その他必要な資料」を包含するとされ、それらには「郷土資料、地方行政資料、美術品、レコード及びフィルム」という種類、形態のものにも留意するとされる（3条1号）。表1.1に整理した図書館法3条の1号から9号までを眺めていると、参考図書や時事情報を含む図書館資料の組織化と提供、能力のある専門性を備えた職員の配置、管轄区域内を対象とする全域サービス、図書館資料を利活用した文化的教育的活動、図書館相互もしくは図書館を超えた地域社会の諸機関とのネットワーキングとして集約することができそうである。図書館協力については、図書館法は都道府県単位の公共図書館ネットワークの構築を目指しており、8条に都道府県教育委員会は、市町村教育委員会に対し、

---

[4] 日本図書館協会「日本の図書館統計　2011」（速報版）http://www.jla.or.jp/library/statistics/tabid/94/Default.aspx,（参照2013-1-23).

第1章　図書館の法的基盤

表1.1　例示的に示された図書館サービスのメニュー

①図書館資料の収集と提供。
②図書館資料の分類排列ならびに所蔵目録の整備。
③図書館資料についての十分な知識と図書館資料に利用についての相談に応じることができる図書館職員の配置。
④他の公共図書館、国立国会図書館、地方議会図書室及び学校図書館との図書館間相互協力（ILL：Inter-Library Loan）。
⑤分館、閲覧所、配本所等の設置、ならびに自動車文庫（BM）、貸出文庫の巡回の実施。
⑥読書会、研究会、鑑賞会、映写会、資料展示会等の主催、及びこれらのイベント開催の奨励。
⑦時事に関する情報及び参考資料の紹介、提供。
⑧社会教育における学習機会を利用し、そこで得た学習成果を活用して行う教育活動その他の活動を実施する場所と機会の提供とその推進。
⑨学校、博物館、公民館、研究所等とのネットワークの形成と維持。

（注）筆者作成。

「総合目録の作製、貸出文庫の巡回、図書館資料の相互貸借等に関して協力を求めることができる」としている。

　ひるがえって、図書館法3条の全体をみて、気がつくであろうことは、文言として、この法律にはインターネットなどデジタルネットワーク社会でふつうに用いられる言葉が「電磁的記録」くらいしかみられず、文脈からすればせいぜいCDやDVDといったパッケージ型デジタル資料程度しか読み込めないところにあり、実体法としての図書館法の限界の一端をうかがわせる。

　図書館資料の収集に関連して、9条1項は「政府は、都道府県の設置する図書館に対し、官報その他一般公衆に対する広報の用に供せられる独立行政法人国立印刷局の刊行物を2部提供するものとする」と定めているが、これは実行されていない。また、同条2項は公立図書館が国や地方公共団体の機関に対して、それぞれの発行する刊行物その他の資料を要求した場合には無償で提供することが期待されており、この規定も公立図書館運営に活かされるべきものと思う。

## 3.2　図書館で働く専門的職員

　図書館法では、公共図書館で働く職員についても定めている。図書館固有の知識とスキルを備えた専門的職員が置かれることとされており、彼ら専門的職

員を「司書」、「司書補」と称するものとされ、司書の職務を助けるのが司書補である（4条）。司書、司書補の資格については、図書館法5条に定められている。大学・短大等（通信制を含む）で開講されている図書館に関する科目を履修すれば司書の資格が得られるが、主として夏期に行われる司書講習を履修しても司書資格を取得できる。また、高校を卒業し、大学入学可能な者を対象とする司書補の資格についても夏期に行われる司書補講習の履修が求められる（6条）。大学・短大で開講されている図書館の科目、司書講習、司書補講習についての具体的な定めは図書館法施行規則に規定されている。

　2012年度から、文部科学大臣が当該大学等に委嘱して実施される司書講習とは別に、新たに大学での図書館教育が行われることになった。そこでは、図書館法施行規則に定められた科目と単位数はミニマム基準とされ、それぞれの大学固有の特色ある図書館情報学教育が期待されている。

　新しい図書館法施行規則が施行される以前の状況ではあるが、2009年現在の司書資格を発給できる司書講習相当科目の単位認定大学は、4年制大学156校、短期大学82大学であり、そのうち通信教育を行っているのは4年制大学10校、短期大学2大学である。この司書資格発給大学の数は、新省令のもとにおいても、現実には大きな変動はないものと思われる。一方、新しい省令のもとで行われる2012年度の司書講習実施大学等は12大学、司書補講習は5大学が予定されている（桃山学院大学だけが冬期に実施するものとされ、他は従来通り所定の大学で夏期に行われる）。

　もっとも、「司書」、「司書補」は図書館法に基づく一つの国家資格としての名称であるが、現実に公立図書館に配置されている図書館職員に司書、司書補という職名を使用しているとは限らず、また図書館で働く職員全体の4割にも満たない専任職員のうちで司書、司書補資格をもつものは半数程度に過ぎない。

　他の職務と同じく、激変する職場環境において、研修は不可欠であり、公共図書館の専門的職員とされる司書・司書補についても、実施に向けて、文部科学大臣、都道府県教育委員会の努力が求められている（7条）。

第 1 章　図書館の法的基盤

## 3.3　図書館サービスの評価

　地方自治法 2 条14項は「地方公共団体は、その事務を処理するにあたっては、住民の福祉の増進に努めるとともに、最少の経費で最大の効果を挙げるようにしなければならない」とうたっており、また、地方財政法 4 条でも「地方公共団体の経費は、その目的を達成するための必要かつ最少の限度をこえて、これを支出してはならない」と定められている。公立図書館の運営についても、サービスの質の向上を図るとともに経済合理性が求められている（政策の効果のほか、経済合理性に十分な配慮がなされることなく、国と地方の行政において、相変わらず大局的には無駄な土木事業に財源を費消していることはここでは論じない）。サービスの項目と質の向上には戦略的計画と一定の基準を必要とするが、文部科学大臣が図書館の設置・運営上の「望ましい基準」[5]を定めるものとされ（7 条の 2）、当該図書館の運営の状況に関する情報を積極的に利用者住民に提供しつつ（7 条の 4）、「望ましい基準」を参照しその図書館の運営状況について評価[6]を行い、運営の改善を図るよう求めている（7 条の 3）。

## 3.4　公立図書館の組織

　公立図書館は税金によって設置・管理・運営される。裕福な人たちは潤沢なお金で知識と情報を購入することができる。老若男女、貧富の差なく、利用に開かれ、自主独立、主体的に知識と情報を得ようとする貧しい人にこそ、大いに利用してもらうことに存在意義をもつ社会的機関である。図書館法17条は「公立図書館は、入館料その他図書館資料の利用に対するいかなる対価をも徴収してはならない」と定め、無料原則を確認している。

---

5) 図書館法 7 条の 2 は私立図書館を含む公共図書館全体の「望ましい基準」を要請しており、「望ましい基準」の内容については、本章の3.6でふれる通り、2012年12月に文部科学省告示172号として公表された。
6) 日本図書館協会「図書館評価」プロジェクトチームが「公共図書館の評価項目一覧表」（案）を公表している。http://www.jla.or.jp/portals/0/html/hyoka.pdf,（参照2013-1-23）。

(1)「図書館法に拠らない図書館」の存在

　図書館法10条には「公立図書館の設置に関する事項は、当該図書館を設置する地方公共団体の条例で定めなければならない」と定めている。公立図書館を施設供給する場合には条例によって設置すると定められているが、公立図書館の義務設置は求めてはいない。現実に、市では98％を超える設置率であるが、財政規模から公立図書館の設置が困難な町村では半数を超えるくらいの設置率にとどまっている。また、図1.2においても、図書館法10条に基づく公立図書館を念頭に置いているが、実はまったく同質の公共図書館サービスを提供しながら、法的に位相を異にする公設の図書館の一群がある。それは、地方自治法244条に定める「公の施設」の一つとして条例で設置されながらも、社会教育法や地方教育行政法の文脈にのらない図書館である。図書館法10条に基づく条例設置の図書館は教育委員会の所管となるが、図書館法によらず地方自治法244条だけに依拠すれば、文化やスポーツ行政を所管する首長部局の一部局となる。一般にこれを「図書館法に拠らない図書館」と呼び、法論理的には文部科学省の縦割り行政の外側に位置することになる（教育委員会の所管に服しながらも図書館法に拠らない図書館も存在する）。後にふれるが、かつては図書館法による図書館には新改築のときに国庫補助が期待できたり、館長等の職員や施設、蔵書に一定の基準の遵守を求めており、そこに意義を見出すことができたが、現在の図書館法は司書・司書補の資格を定める諸規定を除き規範としての効力は希薄で、地方公共団体に対しても実益をもたらす構造となっていない。図書館法20条が「国は、図書館を設置する地方公共団体に対し、予算の範囲内において、図書館の施設、設備に要する経費その他必要な経費の一部を補助することができる」（1項）と定め、その「補助金の交付に関し必要な事項は、政令で定める」（2項）と規定しているが、図書館法施行令は「図書館の施設、設備に要する経費の範囲」を画定するだけで、実際にこれらの規定にしたがって目に見えるかたちで補助金が地方公共団体に供給されているわけではない。国庫補助を定めた20条はかたちを残すのみで現実には機能しておらず、国庫補助の停止・返還を定める23条も、20条が息を吹き返さない限り、条文としては影

でしかない。したがって、俗にいう「図書館法によらない図書館」でも地方公共団体や利用者市民にとって不利益はない。それぞれの地方公共団体の実情に応じて、ヒトとカネとチエが少しでも多く得られる方途を選ぶべきである。

(2) 公立図書館の職員

　図書館法に基づく公立図書館には、館長と、「教育委員会が必要と認める専門的職員、事務職員および技術職員」が配置される（13条）。ここでいう専門的職員は常識的には4条に規定された司書、司書補のはずであるが、図書館現場ではこれらの資格をもつ職員が「有資格者」と呼ばれ、現実には有資格者以外の職員が少なくない。正規職員以外にこれを上回る数の非常勤職員、臨時職員が劣悪な待遇で働いており、委託や指定管理者制度（地方自治法244条の2第3項）を導入しているところも増加傾向にある。

　公立図書館の民主的運営、住民参加の観点から教育委員会の付属機関として、任意に「図書館協議会」を置くことができるとされ、その任務は「図書館の運営に関し館長の諮問に応ずるとともに、図書館の行う図書館奉仕につき、館長に対して意見を述べる」（14条）ことができるとされる。その図書館協議会の設置や委員の定数・任期は条例で定めるものとされ（16条）、図書館協議会の委員の構成については、「学校教育および社会教育の関係者、家庭教育の向上に資する活動を行う者、ならびに学識経験のある者の中から、教育委員会が任命する」（同法施行規則12条）という「参酌すべき基準」がある。この図書館協議会の構成は、社会教育法が定める社会教育委員の構成や、公民館運営審議会の構成、博物館法の定める博物館協議会の構成と変わるところはない。任意設置である図書館協議会の設置については、公立図書館の7割程度に置かれているが、その開催実態については大方が形骸化しているとの認識が一般的である（なかには例外的に実効性を発揮している図書館協議会が存在していることは否定しない。あらゆる組織がそうであるが、所詮は人の問題、人選の巧拙と事務方の意識に帰する）。ときに公立図書館行政に関し、直接、地方自治法202条の3を根拠とする附属機関として設置される組織があるが、これは図書館の新増設や整備計画な

ど特定の任務を帯びる場合もあるが、図書館協議会と同様の職務遂行が期待されていることも少なくない。

### 3.5 私立図書館等

　先にふれた通り、市民に開かれた公共図書館で、一般社団法人もしくは一般財団法人（公益認定を受ければ公益社団法人もしくは公益財団法人）の設置する図書館が私立図書館である。草の根の私立図書館については、その自主性と自由が尊重されるべきで、公権力の容喙は厳に慎むべしとする「ノーコントロール・ノーサポート」の原則が妥当する。そのことは、国や地方公共団体は「私立図書館の事業に干渉を加え、または図書館を設置する法人に対し、補助金を交付してはならない」(26条)という文言にも表れているし、図書館サービスの維持・向上を図る私立図書館から求めがあれば、国や地方公共団体は可能な範囲で「必要な物資の確保につき、援助」(27条)を与えてもよいとされている。

　一方、先に図書館法8条を引いて、日本の図書館行政は都道府県単位に公立図書館のネットワークの維持・発展を目指していると説いたが、このネットワークに県内の私立図書館が半ば自発的に加入し、一定の役割を担うことは望ましいことといえる。また、都道府県を単位とする図書館発展を構想するとき、県内の私立図書館の実情を知り、任意の協力に待つ一定の行政指導の展開にも合理性がある。そのような趣旨から、都道府県教育委員会は、「私立図書館に対し、指導資料の作製および調査研究のために必要な報告を求めることができ」(25条1項)、私立図書館の「求めに応じて、私立図書館の設置および運営に関して、専門的、技術的の指導又は助言を与えることができる」(25条2項)と定められていると理解すべきであろう。

　「ノーコントロール・ノーサポート」で継続的かつ十分な公的資金が得られない私立図書館は、その財政的基礎を確かなものとするため、「入館料その他図書館資料の利用に対する対価を徴収することができる」(28条)とされているが、その入館料等が一定限度を超えるものであれば、市民に開かれた公共図書館としての実質を失うことになる。日本に市民の浄財が公益活動に拠出され

る文化が育たない限り、私立図書館の隆盛が望めるはずもない。

　市民社会には、一定水準のコレクションとサービスが期待できる図書館以外にも、小さくても情報へのアクセスができ、読書に資する施設が多く存在することが望ましい。そのような図書館と同種の施設（図書館同種施設）は、届出や許認可を必要とせず、誰もが自由に設置（29条1項）し、その名称の一部に自由に「図書館」と名乗ることができる。「図書館」という名称は、「銀行」や「大学」という名称のように関係する法が定める要件を満たすことを求め、行政庁の許認可を必要とする「名称独占」の仕組みをもっていない。この図書館同種施設についても、その運営者は、都道府県教育委員会に対して、設置・運営に関して専門的、技術的な指導・助言を求めることができる（29条2項）。

## 3.6　図書館の設置及び運営上の望ましい基準

　文部科学省は、2012（平成24）年12月、図書館法7条の2に定められている「図書館の設置及び運営上の望ましい基準」を公表した。その内容は、具体的な基準を挙げるものではなく、抽象的な文言に終始しているが、うえに述べた図書館法の諸規定のすべてにかかわっている。

　そこでは、高度に情報通信技術が発達した知識基盤社会の地域の情報拠点として図書館が類縁機関その他の機関をも含めたネットワークを形成し、十分な機能を発揮することを求めている。適切な資質と資格を有する専門的職員が配置される市町村立図書館は、基本的運営指針に基づき施設設備の整備を図り、図書館資料の収集に関する方針にしたがってコレクションの充実に努めるものとされ、地域住民の情報ニーズと地域社会の課題に応えるサービスの展開が期待されている。単館としては市町村立図書館に関する事項が準用される都道府県立図書館には、広域団体に設置される図書館にふさわしい活動が期待され、域内の市町村立図書館が個別に、あるいは網として円滑な機能発揮を支援することが求められている。また、数は少ないが、私立図書館をも対象としており、設置目的に沿った目標を設定し、適切な人的・物的基盤整備を図り、目標に見合った図書館サービスの達成を期待している。

**参考文献**

アレックス・レイデンソン著,山本順一訳『アメリカ図書館法』日本図書館協会,1988,204p.

国際図書館連盟公共図書館分科会ワーキンググループ編『理想の公共図書館サービスのために：IFLA/UNESCO ガイドライン』日本図書館協会,2003,156p.

塩見昇,山口源治郎編『新図書館法と現代の図書館』日本図書館協会,2009,442p.

西崎恵『図書館法』日本図書館協会,1970,202p.

# 第 2 章　図書館法以外の図書館関連法規

## 1　社会教育法

　社会教育法において社会教育は「学校の教育課程として行われる教育活動を除き、主として青少年及び成人に対して行われる組織的な教育活動（体育及びレクリエーションの活動を含む。）」（社会教育法2条）と定義される。改正前の旧教育基本法の2条では「教育の目的は、あらゆる機会に、あらゆる場所において実現されなければならない」と定められていた。これを受けて、戦後社会教育法が制定された。本書で社会教育法を取りあげるのは、図書館法1条が「社会教育法の精神に基き、図書館の設置及び運営に関して必要な事項を定め」ると規定しているように、図書館法が社会教育法の趣旨を受けた法律であることによる。社会教育法は教育基本法の精神にのっとっており、またその教育基本法は憲法にのっとって制定されている。よって、社会教育法は、図書館法を憲法、教育基本法という法律体系に結びつける結節点の一つとなっている。

　社会教育法の内容は、社会教育に関する一般法的規定と公民館等に関する規定に分けることができる。図書館法と社会教育法の関係は、前者が後者にとっての特別法になることから（社会教育法はこの場合「一般法」になる）、図書館に関する事項については特別法優先の原則によりまず図書館法が優先して適用され、図書館法に規定されていない事項については社会教育法の一般法的規定が適用されることになる。

　社会教育法は、全7章で構成されている。1章から4章までが一般法的規定で、5章から7章までが公民館、学校施設の利用、通信教育に関する規定である。

公立図書館にとって重要な規定を3点挙げてみよう。まず一点目は、5条4号が、「市町村の教育委員会の事務」として図書館を教育委員会が設置・管理すると定めている点である。このことから図書館の施設を設置・管理するのは教育委員会であることを確認できる。しかしながら、一部の地方公共団体では社会教育施設の所管を首長部局へ移管している。

　二点目は、6条「都道府県の教育委員会の事務」の1号が、都道府県教育委員会が当該地方の図書館の設置及び管理について必要な指導、調査を行うと定めている点である。これと関連して図書館法はより詳しく8条「協力の依頼」で「都道府県の教育委員会は、当該都道府県内の図書館奉仕を促進するために、市（特別区を含む。以下同じ。）町村の教育委員会に対し、総合目録の作製、貸出文庫の巡回、図書館資料の相互貸借等に関して協力を求めることができる」と規定している。

　三点目は、9条「図書館及び博物館」が1項で「図書館及び博物館は、社会教育のための機関とする」と規定し、2項で「図書館及び博物館に関し必要な事項は、別に法律をもつて定める」と規定している点である。ここから図書館が社会教育のための機関であることを確認できる。同時にこの条文に基づき図書館法が立法されている。

　ところで社会教育法の9条が図書館を「社会教育のための機関とする」と規定していることから、図書館の活動は「社会教育」に限定されるのであろうか、という疑問が生じる。このことについて図書館法の立法に携わった西崎恵は、著書『図書館法』のなかでその趣旨を以下のように説明している。

　図書館法成立以前、図書館は社会教育的な意義を軽視し、「一般国民の教育活動と無関係に図書館が運営される傾向」があった。そのためこの条文を「注意的に」規定したが、「ここで注意されねばならないのは、社会教育というものを局限して狭義に解してはならないことである」。そして「社会教育法でいう社会教育は、体育やレクリエーションや、芸術、文化等を含むもので非常に広い範囲の概念」と言うことができる。

　西崎は以上のように述べているが、一般に法解釈において立法者の見解は有

力な解釈基準となることから、図書館は社会教育法を根拠条文としながらも狭い意味の社会教育に活動を制限される必要はないと解することができるだろう。

2008（平成20）年、教育基本法改正に伴い「社会教育法等の一部を改正する法律」が成立し、社会教育法、図書館法、博物館法が改正された。これらの改正は教育基本法改正との整合性を保つことを契機としていたが、それ以外にも社会教育施設の運営能力向上や専門職員の資質向上、資格要件の見直しも含めて行われた。社会教育関連三法が同時に改正されたことにより、共通性が明確になり、公民館、図書館、博物館の三施設連携の基礎が築かれた、という肯定的な意見がある一方、多くの課題が積み残しになったともいわれている。

なお、社会教育法と関係する法律に、「生涯学習の振興のための施策の推進体制等の整備に関する法律」がある。同法は、1990（平成2）年に施行され、これまで分散的に取り組まれてきた「学校」、「家庭」、「社会教育」における学習の有機的連携を目指した法律であるが、教育基本法に立脚しておらず、また生涯学習の定義が明示されていないため、社会教育法との関係に混乱が生じている。

## 2 地方教育行政の組織及び運営に関する法律

「地方教育行政の組織及び運営に関する法律」は一般に「地教行法」と略称されることがある（ここでは以下、「地教行法」と呼ぶ）。地教行法は、基本的に教育委員会の設置や教育行政の組織・運営のあり方を定めた法律である（1条）。図書館は教育委員会が所管するため、この法律と関係しており、教育委員会法に代わる法律として1956（昭和31）年に立法された。

地方自治体の組織・運営一般については地方自治法が規定するが、地教行法は教育行政について特に定めている。社会教育法、図書館法との関係で述べれば、地方自治体一般の組織・運営については地方自治法が、特に教育行政の組織・運営については地教行法が定め、さらに社会教育、図書館に特有の組織・運営については社会教育法、図書館法が定める、ということになる。それぞれ

の法律は、特別法が一般法に優先するという原則があることから、後に挙げた法律は、前に挙げた法律よりも優先的に適用されることとなる。

　地教行法は全6章から構成される。1章では法律の趣旨と基本理念が定められている。2章では教育委員会の設置及び組織が定められている。ここでは教育委員会は首長が議会の同意を得て任命する教育委員によって構成されること（4条）、教育委員のなかから委員長と教育行政実務を執行する教育長が選ばれること（12条、16条）が定められている。しかし、教育行政を執行する教育長は、実際には教育委員任命前に内定していることが多い。また、教育委員会が政策や行政運営の基本方針を策定し、それを教育長が執行するのが本来のあるべき姿だが（17条）、教育長主導の教育委員会運営が多いといわれている。

　3章は教育委員会の権限を定めており、首長との仕事の分担などが規定されている。ここで特に重要なのは予算編成権が首長にあることである。29条は教育予算や教育に関する事務で議会の議決を経るべき事項について、教育委員会の意見聴取を定めているが、通常の予算査定以外に意見聴取の仕組みを設けている自治体は少ない。4章では図書館を含む教育機関について、5章では「文部科学大臣及び教育委員会相互間の関係等」、6章では「雑則」が定められている。

　公立図書館との関係で特に重要な条文は、30条、32条、48条である。まず30条は教育機関の設置にかかわる条文で「地方公共団体は、法律で定めるところにより、学校、図書館（中略）その他の教育機関を設置する（中略）ことができる」と規定している。このことから、地方公共団体が図書館を設置できること、そして図書館が教育機関であることを確認できる。次に、32条では「学校その他の教育機関のうち、大学は地方公共団体の長が、その他のものは教育委員会が所管する」と定められているように、教育委員会が図書館を所管すると規定している。48条は文部科学大臣、都道府県教育委員会の教育事務に関する指導、助言、援助を定めている。従来の条文では教育に関する事務の適正な処理を図るため「指導、助言又は援助を行うものとする」と規定していたが、地方分権改革に伴う2000（平成12）年改正により自治体の求めに応じて「行うこ

とができる」ことになった。これにより文部科学大臣、都道府県教育委員会の教育事務への関与は弱まった。

近年、地教行法は頻繁に改正されている。改正では教育委員に保護者が含まれるようにすること、教育委員会の会議の原則公開、教育行政に関する相談体制の整備等が新たに規定されている。

また、こうした改正とともに教育委員会制度の廃止を含めた見直し論議が活発化している。これは、教育委員会の形骸化や縦割り行政の弊害が問題視されるようになったことによる。2007（平成19）年に24条の2が追加され、スポーツに関すること、文化に関することを地方公共団体の長が管理執行することができると規定されたのもそうした動きのひとつである。教育の継続性、政治的中立性という制度の趣旨とその形骸化の問題にどう折り合いをつけていくか、今後の見直し論議の展開には注視が必要である。

## 3 国立国会図書館法

国立国会図書館法は、前章で取りあげられた図書館法よりも先に制定された。同法は、戦後日本における図書館関連法規のなかで、最初の立法であり、戦後初期の占領下において、米国議会図書館（Library of Congress）を参考に策定されたといわれている。

同法の特筆すべき点は、教育基本法と同様に前文を有するということである。前文をもっている法律はきわめて異例である。以下、前文を引用する。「国立国会図書館は、真理がわれらを自由にするという確信に立つて、憲法の誓約する日本の民主化と世界平和とに寄与することを使命として、ここに設立される」。「図書館は平和と自由の象徴」といわれることがあるが、日本国憲法の精神に則った、この崇高な前文に改めて着目すべきである。

国立国会図書館法は、12章本則31ヶ条及び附則で構成されている（最終改正2011（平成23）年5月2日）。2000（平成12）年以降、電子出版物への対応や関西館（京都府）の設置等、法整備に必要な事案が多く、頻繁な改正が続いている。

以下、主な条文をみていくことにする。

第1章において、名称を規定し（1条）、「図書及びその他の図書館資料を蒐集し、国会議員の職務の遂行に資するとともに、行政及び司法の各部門に対し、更に日本国民に対し、この法律に対する図書館奉仕を提供する」という同館の目的が定められている（2条）。立法補佐機関としての「国会図書館」としての機能のみならず、国民に対する情報サービスを提供する「国立図書館」の機能も謳われている。国立国会図書館は、「図書館の図書館（the library of libraries）」なのである。

2章は、館長の規定である。館長の任命手続きであるが、衆議院・参議院の「両議院の議長が、両議院の議院運営委員会と協議の後、国会の承認を得」（4条）ることになっている。

3章は、副館長並びにその他職員の規定である。職員の雇用・任命は国会職員法の規定に基づく。国立国会図書館の職員採用に際して、図書館法の定めている司書資格が要求されないのは、この条文に起因すると解釈できる。

6章は、国会および国会議員に対する立法調査サービスの規定である。「資料の選択又は提出には党派的、官僚的偏見に捉われることなく、両議院、委員会及び議員に役立ち得る資料を提供すること」（15条）とあるように、政治的中立が求められている。なお、図書館の中立性は国立国会図書館に限ったことではない。

8章は、国民に対する奉仕や図書館協力に関する規定である。2012（平成24）年1月から「国立国会図書館サーチ」が本格稼働し、ウェブ上の非来館型サービス（検索サービスなど）が向上している。同章の22条では、国立国会図書館の支部図書館である国際子ども図書館について定めている。

10章と11章は、納本制に関する規定である。国の中央省庁などの刊行物は30部以下（24条）、都道府県または市の刊行物は5部以下、町村のそれは3部以下、民間の出版社などによる刊行物は「最良版の完全なもの1部」（25条）を国立国会図書館に納めなければならない。正当な理由がなく、出版物を納入しなかった場合、当該出版物の小売価額（小売価額のないときはこれに相当する金

額）の5倍に相当する金額以下の過料が科せられる（25条）。このような罰則規定があるにもかかわらず、国や地方公共団体からの納本率は100％に達していない。国が発行した出版物（市販資料を除く）は46％、地方公共団体が発行した出版物は42％という低い納本率になっている[1]。これらは灰色文献の範疇になるが、問題視すべき事実である。さらに、納本対象となるのは、印刷メディアの図書のみならず、CDやDVDなどのソフトもその対象となっているにもかかわらず、民間の関連企業では、国立国会図書館の納本制自体を知らない関係者が多いという現実がある。受身的な納本制に依存している収集方法を見直しつつ、このような国立国会図書館の資料収集システムを広く国民全体にPRすることが必要であろう。

　なお、2012（平成24）年6月、国立国会図書館法の一部改正によって、私人（民間の出版社など）出版するオンライン資料（インターネット等によって公刊される電磁的記録で、図書又は逐次刊行物に相当するメディア）を同館に送信（納本）することを義務付けた（施行日は2013（平成25）年7月1日から）。

### ４　大学設置基準

　大学設置基準（昭和31年10月22日）は、学校教育法を根拠とする学校設置基準（昭和31年10月22日）の一つである。文部省令（現：文部科学省令）であり、大学設置に必要な最低基準を定めている。同基準の8章「校地、校舎等の施設及び設備等」において、図書館に関する規定がある。

　36条において、「大学は、その組織及び規模に応じ、少なくとも次に掲げる専用の施設を備えた校舎を有するものとする」と定め、同条3号のなかで図書館を挙げている。ただし、図書館といっても、独立した施設・建物ではなく、図書室の場合もある。また、設置者の同一学校法人の短期大学と共用の図書館

---

1) 国立国会図書館が2007年に実施した調査（抽出調査）の結果による。国立国会図書館「国内出版物の納入率調査の結果」http://www.ndl.go.jp/jp/aboutus/deposit_02survey.html30,（参照2013-1-25）を参照。

を設置している場合もある。大学によっては、慶應義塾大学のように「図書館」という名称を用いずに、「メディアセンター」の呼称を用いる場合もあり、また「A大学付属図書館」ではなく、「A大学附属図書館」という名称を使う場合が多い。「付属」と表記した場合、図書館が大学の付属品（アクセサリ）というニュアンスをもつので、大学の一機構（一組織）としての位置づけを明確にするために、「附属」と表記している（廃止された国立学校設置法では「附属図書館」となっていた）。「大学図書館は大学の心臓」という比喩もある。

38条において、収集資料、業務、職員、施設等が定められている。同条3項の職員については、「図書館には、その機能を十分に発揮させるために必要な専門的職員その他の専任職員を置くものとする」となっている。この条文からわかるように、「司書」という言葉は使用されていない。さらに、専門的職員や専任職員を何名配置すればよいのかという具体的な数量的基準も一切なく、江戸川大学図書館（千葉県）や神戸学院大学ポートアイランド図書館（兵庫県）のように、図書館業務を全面的に外部の民間企業に委託している場合もある。

同条第4項では、「図書館には、大学の教育研究を促進できるような適当な規模の閲覧室、レファレンス・ルーム、整理室、書庫等を備えるものとする」と定められている。しかし、実際には、「整理室」という表現は、大学図書館の現場では使用されなくなっている。

1991（平成3）年の同基準改正（いわゆる「大綱化」）において、一般教育・専門教育の科目区分、図書館蔵書冊数、座席数等の数量的基準が撤廃された。しかし、一方で、教育研究水準の向上のため、各大学は政令で定める期間ごとに、文部科学大臣の認証を受けた者（認証評価機関）による評価を受けることが義務づけられた（学校教育法109条）。財団法人大学基準協会などによる認証評価では、開館時間の適切性（当該大学の最終時限の授業終了後において、学生が図書館を利用できる開館時間の設定になっているかどうか）等も評価対象となっている。

ところで、法的拘束力はないが、大学基準協会によって、大学図書館基準が公表された。その後、1982（昭和57）年には、改正された新基準が公表されている。大学図書館の使命にはじまり、施設・蔵書・職員など、大学設置基準を

凌駕する内容で、きわめて進歩的であった。特に、専任図書館長の規定は特筆すべきである。日本の大学図書館では、唯一、国際基督教大学が専任の専門職館長（図書館情報学に通暁した有資格者）を配置してきた。

なお、国立大学の場合、2004（平成16）年3月までは、国立学校設置法の第6条で「国立大学に附属図書館を置く」と定めていたが、国立大学の法人化によって、同法は廃止された。新しく制定された国立大学法人法では、図書館に関する規定は一切ない。一方、短期大学の場合、短期大学設置基準があり、大学設置基準同様に、図書館に関する規定がある。

## 5 学校図書館法

日本の小・中・高等学校（特別支援学校も含む）に、図書館（図書室）を設置しなければならない法的根拠として、学校教育法施行規則の他に、学校図書館法がある。学校図書館法は、日本における教育法の体系のなかでは、学校教育法の特別法という位置づけである。本節では、最初に学校図書館法の成立過程についてみておく。

第二次世界大戦後のアメリカ占領下で、当時の文部省は、『学校図書館の手引き』や『学校図書館基準（案）』の作成・発行など、学校図書館の制度化への向けての改革をすすめた[2]。一方、民間の全国学校図書館協議会は、学校図書館法を制定するための全国的な署名活動を展開し、約90万名の署名を集めた。この動きを受けて、元日本教職員組合副委員長の大西正道議員や教育評論家の新井恒易らが、立法化に尽力したのである。1953（昭和28）年3月16日の参議院本会議に上程する予定が決まっており、成立まであと一歩であった。しかし、当時の吉田茂首相の「バカヤロー解散（1953年3月14日の衆議院解散）」によって、この法案は廃案となり、日の目を見ない「幻の学校図書館法」となった。この「幻の学校図書館法」では、司書教諭は免許制であり、学校図書館に配置され

---

[2] 占領期の学校図書館改革については、以下の文献を参照。中村百合子『占領下日本の学校図書館改革：アメリカの学校図書館の受容』慶應義塾大学出版会，2009，394p.

る専門職としての位置づけが非常に明確であった。司書教諭という新しい職名を生み出すにあたっては、養護教諭がモデルとされた。さらに、「司書教諭その他職員を配置するよう努める」という条文もあり、学校司書を意味する専門職員の配置に対する配慮がみられた。歴史において、「もし（if）」という問いかけは許されないといわれる。しかし、もし当時、「バカヤロー解散」がなかったならば、日本の学校図書館行政や学校図書館の現状は大きく変貌したであろう。1人の政治家の失言が、戦後日本における学校図書館法制史を大きく塗りかえたのである。その後、紆余曲折を経て、1953（昭和28）年8月、学校図書館法は超党派の議員立法で成立した。実際に制定された学校図書館法は、「幻の学校図書館法」と比較すると、大きく後退した内容となり、司書教諭は任用資格制となった。当時の文部省は、学校図書館法の成立に対しては消極的な姿勢をとっていた。このような文部省の消極的な姿勢の影響によって、1953（昭和28）年成立から1997（平成9）年改正までのあいだ、学校図書館法の最大の問題点、すなわち、附則「当分の間、司書教諭を置かないことができる」が撤廃されない時代が長く続いた。当時の文部省は、当初、10年間という予定ですべての学校図書館に司書教諭を配置する計画を立てていた。したがって、「当分の間は10年」を意味していた。しかしながら、この附則は、学校図書館関係者の期待や予想に反して、50年以上も効力をもちつづけたのである。

　制定当初の学校図書館法は、「幻の学校図書館法」と比較すると、内容面において劣っていたが、学校図書館経費の経費支出（国の費用負担）に関する条文があった。しかしながら、1966（昭和41）年の改正時、これを定めた13条は削除された。土屋基規が指摘しているように、「教育振興法としての性格を持つ他の教育法との比較において、現在、法律の形式と内容に国の役割と公費支出の規定を欠いているのは、学校図書館法だけである」[3]という点に注意しておきたい。

　現在の学校図書館法は、本則8ヶ条および附則で構成されている。以下、主

---

3）土屋基規「学校図書館法」『図書館を支える法制度　シリーズ・図書館情報学のフロンティア No.2』日本図書館情報学会研究委員会編, 勉誠出版, 2002, 151p. 引用は p.49.

な条文をみていくことにする。

　1条において、「学校図書館が、学校教育において欠くことのできない基礎的な設備」と定められ、さらに2条においては、「学校の教育課程に寄与するとともに、児童又は生徒の健全な教養を育成することを目的として設けられる学校の設備」となっている。3条では、学校図書館の設置義務がうたわれている。

　5条では、「学校図書館の専門的職務を掌らせるため、司書教諭を置かねばならない」とされ、司書教諭が必置職種として定められている。ただし、1997（平成9）年の学校図書館法改正以後も、学級数12学級未満の学校では、附則の「当分の間、（中略）司書教諭を置かないことができる」の規定が適用されている。

　5条2項では、「前項の司書教諭は、主幹教諭（養護又は栄養の指導及び管理をつかさどる主幹教諭を除く。）、指導教諭又は教諭（以下この項において「主幹教諭等」という。）をもつて充てる」と定められている。この規定からわかるように、司書教諭は任用資格制の充て職である。現在、専任司書教諭を配置している学校は非常に少数であるが存在している。しかし、実際には、学級担任を受けもちながら、教科の授業時間数の軽減措置もなく、学校図書館に従事する兼任司書教諭が多数を占めている。さらに、教育の機会均等の原則から考えると、学級数12学級未満の小規模校にも、司書教諭あるいは学校司書を学校図書館に常駐させるべく、当該職員を専任化して配置すべきである。1997（平成9）年学校図書館法改正後、10年以上の歳月が経過したが、依然として同法には、職員の配置をめぐる根本的な問題点が残されている。全国のすべての学校から、「主なき館」の学校図書館をなくすために、学校図書館法のさらなる改正が今後の課題である。

## 6　子どもの読書活動の推進に関する法律

　子どもの読書活動の推進に関する法律（平成13年12月12日）は、前節の学校図書館法と同じく、「子どもの未来を考える議員連盟」に所属する多数の議員た

ちによる超党派の議員立法で成立した。同法が制定された前年の2000（平成12）年は、「子ども読書年」（国会決議）であり、同年1月には国際子ども図書館（国立国会図書館の支部図書館の一つ）が開館した。同法制定の背景には、これらの動きが密接にかかわっている。

　子どもの読書活動の推進に関する法律は、本則11ヶ条及び附則で構成されている。以下、主な条文をみていくことにする。

　2条において、この法律における「子ども」とは「おおむね18歳以下の者」としている。最近の日本では、18歳以上を成人とする民法改正の議論がさかんである（法務省の法制審議会などで検討中）。ここで、同法の立法者意思とは直接関係なく、「子供」ではなく、「子ども」と表記する理由について説明しておこう。「子供」の「供」の字は、「お供」、すなわち、「子」が大人の付随物であるという意味をもってしまう。そこで、「子ども」と表記し、人権が保障された、自立した人間としての「子ども」という意味が込められている。

　3条では、国に対して、「子どもの読書活動の推進に関する施策を総合的に策定し、及び実施する責務」が課せられている。同様に、4条では、地方公共団体に対しても、「国との連携を図りつつ、その地域の実情を踏まえ、子どもの読書活動の推進に関する施策を策定し、及び実施する責務」が課せられている。さらに、民間の事業者（例：出版社）に対しても、5条において、「子どもの読書活動が推進されるよう、子どもの健やかな成長に資する書籍等の提供に努めるものとする」という努力目標が課せられている。このように、官民一体による読書活動の推進が、この法律の立法者意思として読み取れる。

　7条では、国及び地方公共団体と関係機関等との連携強化が謳われ、学校（学校図書館など）や公立図書館などとの連携による読書活動の推進が努力目標として定められている。

　8条では、国（政府）対して、「子ども読書活動推進基本計画」の策定が義務として課せられている。国（政府）は、2002年に第一次の「子どもの読書活動の推進に関する基本的な計画」を策定した。また5年後に、それを見直したうえで、第二次の同計画を策定し、公表した（2008年3月11日閣議決定。国会に

おける報告が同法で義務づけられているが、審議事項ではない)。第2次の同計画では、関連する主要施策の数値目標が示された（例：市町村レベルにおける「子ども読書活動推進基本計画」の策定率の向上)。現在は、この第2次の「子どもの読書活動の推進に関する基本的な計画」に基づき、具体的な施策が形成・実施されている。しかしながら、2009年の政権交代後に発足した行政刷新会議による「事業仕分け」において、「政策効果が不透明」という理由で、「子どもの読書活動の推進事業と子どもゆめ基金」(約23億円)に関しては、文部科学省からの概算要求が認められなかった。民主党議員を中心とする、いわゆる「仕分け人」によって、この事業は無駄と判断されてしまったのである（ただし、事業仕分けの結果は法的拘束力をもたない)。

　9条では、国及び地方公共団体に対して、「子ども読書活動推進基本計画」の策定が努力義務(「策定するように努めなければならない」)として課せられている。さらに、同計画を策定した場合、公表する義務(「公表しなければならない」)が課せられている。サーチエンジンを使って検索すれば、ウェブ上で、国および各地方公共団体の「子ども読書活動推進基本計画」を閲覧・入手することができる（ただし、コピー・アンド・ペーストと思われる、無味乾燥な「お役所文書」が多数を占める)。なお、同法の10条において、4月23日が「子ども読書の日」と定められた。

　同法制定後、10年近くの歳月が過ぎたが、財源の明示がないため、読書支援施策に対する社会的関心は高まったものの、財源措置の要らないボランティアの活用によって、施策実施に必要な人材を充てるという傾向も見受けられる。

　最後に、この法律の成立にあたって、衆議院文部科学委員会において附帯決議がなされた。読書という行為は、個々の人間のきわめて自由で、かつ内面的自由な営みであるので、行政による不当な干渉は決してあってはならない。その他、重要な内容を含んでいるので、以下、そのまま引用する。

「子どもの読書活動の推進に関する法律案に対する附帯決議」[4)]

　政府は、本法施行に当たり、次の事項について配慮すべきである。
1　本法は、子どもの自主的な読書活動が推進されるよう必要な施策を講じて環境を整備していくものであり、行政が不当に干渉することのないようにすること。
2　民意を反映し、子ども読書活動推進基本計画を速やかに策定し、子どもの読書活動の推進に関する施策の確立とその具体化に努めること。
3　子どもがあらゆる機会とあらゆる場所において、本と親しみ、本を楽しむことができる環境づくりのため、学校図書館、公共図書館等の整備充実に努めること。
4　学校図書館、公共図書館等が図書を購入するに当たっては、その自主性を尊重すること。
5　子どもの健やかな成長に資する書籍等については、事業者がそれぞれの自主的判断に基づき提供に努めるようにすること。
6　国及び地方公共団体が実施する子ども読書の日の趣旨にふさわしい事業への子どもの参加については、その自主性を尊重すること。

## 7　文字・活字文化振興法

　文字・活字文化振興法（平成17年7月29日）は、学校図書館法や子どもの読書活動の推進に関する法律と同じく、超党派の議員立法で成立した。自由民主党の河村建夫文部科学大臣（当時）をはじめ、「活字文化議員連盟」に所属する議員たちによって立法化がなされた。本則12ヶ条と附則で構成されている理念法であり、前節で取りあげた子どもの読書活動の推進に関する法律と類似した内容となっている。なお、同法の11条において、10月27日が「文字・活字文化の日」と定められた。以下、主な条文をみていくことにする。
　2条において、「文字・活字文化」という概念は、「活字その他の文字を用い

---

4)『第153回国会衆議院文部科学委員会会議録』第5号，2001年11月28日，p.12-13.

て表現されたもの(以下、この条において「文章」という)を読み、及び書くことを中心として行われる精神的な活動、出版活動その他の文章を人に提供するための活動並びに出版物その他これらの活動の文化的所産をいう」と定義されている。

3条では、「言語力」という独特の新しい用語を創作している。今日では、むしろ英語の「リテラシー(literacy)」という用語が一般的であるが、この法律では、「リテラシー(literacy)」の類似概念として使用しているようである。歴史的にみると、日本国民は、江戸時代から高い識字率であり、長いあいだ、リテラシーの高い読書社会や豊かな活字文化を形成し続けてきたといえる[5]。そのような日本があえてこのような法律を制定するにいたった背景の一つには、2003年にOECD(経済協力開発機構)が、先進諸国の義務教育修了段階の15歳児を対象に実施された学習到達度調査(Programme for International Student Assessment:PISA)において、日本の子どもの読解力の低下傾向があきらかになったこと(いわゆる「PISAショック」)が指摘できる。その他、若者の活字離れ(いわゆる「不読者」の増加)や深刻な出版不況(例:出版社・書店の倒産件数の増加)を憂慮した結果の立法化であるといえよう。

7条では、公立図書館の整備充実がうたわれている。関連する具体的な施策例として、ブックスタートなどを挙げることができる。近年、地方公共団体では、ブックスタートの取り組みが進められている。イギリスではじまった、乳幼児とその保護者に対して、絵本をプレゼントするブックスタートの活動は、文字・活字文化の振興策のみならず、保健所と公立図書館が連携した子育て支援の施策としても重要視されている。

8条2項では、学校図書館の整備充実が謳われている。「国及び地方公共団体は、学校教育における言語力の涵養に資する環境の整備充実を図るため、司書教諭及び学校図書館に関する業務を担当するその他の職員の充実等の人的体制の整備、学校図書館の図書館資料の充実及び情報化の推進等の物的条件の整

---

5) リチャード・ルビンジャー著,川村肇訳『日本人のリテラシー:1600-1900年』柏書房,2008,322p.

備等に関し必要な施策を講ずるものとする」となっている。下線部をみてみると、「司書教諭」以外に、いわゆる「学校司書」と称されている学校図書館の専門職員の配置に言及している。学校図書館法においてすら、まったく規定されなかった司書教諭以外の学校図書館専門職員の配置をうたった条文になっている。「学校司書」の法的根拠をここに求めることができるという解釈が成り立ちうる。ただし、この法律では、「学校司書」は必置職種として位置づいていない（平成26年学校図書館法改正から、条文に「学校司書」を明記）。

　12条では、国および地方公共団体の責務として、文字・活字文化の振興のための財政上の措置についてうたわれている。具体的には、出版業界などに対する財政支援や税制上の優遇措置に関する内容を意味すると解釈できる。本条に限らず、文字・活字文化振興法は、全体としてみると、国及び地方公共団体の努力目標（「必要な施策を講ずるものとする」、「努めるものとする」）を掲げた条文ばかりで構成されている。国家や地方の財政が年々逼迫化する状況において、財源の裏付けがない条件整備に終始した努力目標や努力義務だけでは空文化した法規になりかねない。今後は、例えば、すでにイタリアで制定されている、出版社に対する一定の税控除（優遇税制の導入）を定めた「出版業助成法」に相当するような実効性のある法律の制定が課題であろう。

　なお、子どもの読書活動の推進に関する法律と文字・活字文化振興法の制定に深く関わった国会議員たちが中心となって、2007年10月に財団法人文字・活字文化推進機構が設立された。同機構の理事・評議員のメンバーをみると、政界のみならず、財界、そして大学に籍を研究者らも名を連ねている。同機構の主催によって、第一回の「言語力検定」が2009年の10月から11月にかけて実施された。この「言語力検定」では、PISAで問われる知識・能力をみようとしている（自由記述の設問もあり）。

　さらに、2008年6月の衆参両院の国会本会議において、文字・活字文化振興法が制定されてから5年目にあたる、2010年を「国民読書年」と定める議決を全会一致で採択した。ちなみに、アメリカでは、レーガン政権の1987年に、「読者年（The Year of the Readers）」が制定されている。

## 8  その他の関連法規

　本節では、図書館の類縁機関である博物館や公文書館の関連法規を取りあげる。

(1) 博物館法

　博物館法は、社会教育法、図書館法とともに社会教育三法の一つである。最近、「社会教育法等の一部を改正する法律」（平成20年6月11日）によって、図書館法と同時に同法は改正された。博物館法2条において、博物館の定義がなされている。その定義は、「歴史、芸術、民俗、産業、自然科学等に関する資料を収集し、保管（育成を含む。以下同じ）し、展示して教育的配慮の下に一般公衆の利用に供し、その教養、調査研究、レクリエーション等に資するために必要な事業を行い、あわせてこれらの資料に関する調査研究をすることを目的とする機関」とされている。国際博物館会議（International Council of Museums：ICOM）の定義に従えば、科学館、動物園、植物園、水族館、プラネタリウム等も含まれる。博物館法では、「登録博物館（10条）」と「博物館相当施設（28条）」の二つの範疇がある。奇妙な現象であるが、日本において代表的な博物館、東京国立博物館・国立西洋美術館・国立科学博物館は「博物館相当施設」であり、「登録博物館」ではない。国立博物館は、博物館法の制定時に教育委員会ではなく、文化財保護委員会の所管であったことがその原因である。

　日本の現状としては、登録手続きをしない博物館が多数を占めている。なお、自治体が設置する公立博物館の場合、公設公営型（直営型）以外に、財団法人や民間企業が運営する指定管理者制度を導入する事例も増えている。

　その他、今回の主な改正点であるが、資質向上を目的とした学芸員の研修が、努力義務として、文部科学大臣及び都道府県教育委員会に課せられることになった（7条）。

　公立博物館は、公立図書館同様に、博物館法において無料原則をうたってお

り、「入館料その他博物館資料の利用に対する対価を徴収してはならない」(23条)となっている。同条において、「但し、博物館の維持運営のためにやむを得ない事情のある場合は、必要な対価を徴収することができる」という規定があるものの、総じて、日本における博物館経営の台所事情は厳しく、資料収集の予算がゼロという館も多い。予算がなければ、海外から良い作品を借りることは困難である。

　改正された博物館法9条では、「当該博物館の運営の状況について評価を行うとともに、その結果に基づき博物館の運営の改善を図るため必要な措置を講ずるよう努めなければならない」と定められ、自己評価が努力義務化された。ここで、注意すべき点は、ともすれば「評価」というと定量的評価が重要視されがちになるということである。図書館と違って、博物館の場合、展示資料の館外貸出はできないので、貸出点数という評価指標は存在しない。いきおい、入館者数という評価指標がもっとも重視される。図書館と同じく、博物館においても入館者数は重要な評価指標であることは否定しない。しかし、博物館が集客に力を注ぐあまり、保管している「資料に関する調査研究をすることを目的とする機関」(2条)という博物館法の趣旨を見失ってはならない。公立図書館同様に、公立博物館でも指定管理者制度の導入が進んでいる(例：沖縄県立博物館・美術館)。そのような状況のなかにおいて、「研究活動中心の学芸員はいらない」という民間企業の指定管理者からの声を聞く。コスト削減と利用者サービスの両立をめざした指定管理者制度を博物館経営に導入した結果、集客のための企画・展示に重点がおかれ、博物館に勤務する専門職、すなわち学芸員の地道な研究活動を重要視しない主張も一部から出始めている。

(2) 公文書等の管理に関する法律

　公文書館は、国や地方公共団体等の行政機関が作成した文書を整理・保管する施設である。その公文書館を規定する公文書館法(昭和62年12月15日)は、本則7ヶ条と附則で構成されている小さな法律である(最終改正は1999(平成11)年12月22日)。議員立法で制定された同法においては、公文書館の設置は義務化

されておらず、公立図書館と同様に任意設置である。日本における公文書館数はあまりにも少なく、2010年4月現在、地方自治体が設置した公文書館は54館しか存在しない。同法以外に、関連法規として国立公文書館法があり、本則16ヶ条と附則で構成されている。この法律に基づいて独立行政法人の国立公文書館が運営されている。

さらに、2009（平成21）年には、公文書等の管理に関する法律（平成21年7月1日）（以下「公文書管理法」）が制定され、2011（平成22）年4月から施行された。公文書管理法は本則が34の条文で構成され、「行政機関における経緯も含めた意思決定に至る過程並びに当該行政機関の事務及び事業の実績を合理的に跡付け、又は検証することができるよう、（中略）文書を作成しなければならない」（4条）と規定した。従来は、各省庁の判断によって公文書を保管・廃棄していたが、同法によって共通の統一ルールができることになった。重要な公文書は、廃棄されることなく、国立公文書館等へ移管され、永久保存されるシステムが確立されることになる。

御厨貴が指摘するように、近代日本において、「よらしむべし知らしむべからず」の官治の伝統のなかで、政策の意思決定や経緯や根拠は軽視されてきた[6]。さらに、2007年に起きた厚生労働省の「消えた年金問題」や「C型肝炎関連資料の放置」など、官僚による公文書の取り扱いをめぐる様々な不祥事が社会問題化した。国民の「官」に対する不信感を著しく招いている。これらが同法制定の背景にある。

しかし、「公文書管理法」等の法律を整備したとしても、「アーキビスト」と呼ばれる専任・正規の専門職を配置する事業を本格的に実施しなければ、「仏作って魂入れず」になりかねない。法整備と同時並行にして、大学・大学院等

---

6) 御厨貴「公文書管理　記録残さぬ風土　戦後から」『読売新聞』2012年4月30日付（朝刊）.
7) 公文書等の適切な管理、保存及び利用に関する懇談会『公文書等の適切な管理、保存及び利用のための体制整備：未来に残す歴史的文書・アーカイブズの充実に向けて』2004, 38p. 引用はp.6. この報告書は高山正也（慶應義塾大学教授：当時）を座長とし、2003年12月に内閣官房長官の懇談会として発足した研究会の報告書である。なお、同報告書の発行は2004年6月28日付となっている。

の機関における専門職養成も進められなければならない。アメリカをはじめとする先進諸外国と比較すると、日本の場合、国立公文書館をはじめとする公文書館制度はきわめて遅れている。「公文書館なくして民主主義なし」[7]という崇高な理念に基づき、施設の拡充と専門的人材の配置が必要である。

**参考文献**
坂田仰，星野豊『学校教育の基本法令』学事出版，2004，263p.
西崎恵『図書館法（新装版）』日本図書館協会，1991，202p.
塩見昇『日本学校図書館史：図書館学体系　第5巻』全国学校図書館協議会，1986，211p.

―■□コラム□■―

### 議員立法

　国会議員の主な仕事は法律を作ることである。「議員立法は議会の活動の多寡を表す指標」といわれ、数多くの法律が作られた場合、それだけ議員の議会活動が活発であったという証左となる。日本国憲法41条において、「国会は、国権の最高機関であつて、国の唯一の立法機関である」とうたわれている。立法府である国会の議員が立法するのは当然であるが、実際のところ、内閣（行政府）による法案提出が多いため、日本ではこう呼ばれる。本書で説明されているように、学校図書館法、子どもの読書活動推進に関する法律などは議員立法によって成立した。政府が提出しにくい法案（例えば、厚生労働省が認可した血液製剤によって薬害被害者となった弱者を救済する法案）は、議員立法による場合が多い。なお、「議員立法」という言葉は、法令用語ではなく、単なる「通称」にすぎない。

　国会法56条によれば、議員が議案を発議するには、衆議院においては議員20人以上、参議院においては議員10人以上の賛成を要する（ただし、予算を伴う法律案を発議するには、衆議院においては議員50人以上、参議院においては議員20人以上の賛成を要する）。この条件を満たさない少人数の政党では、単独で法案を提出できない制度になっている。内閣が提案する法律案は「閣法」、衆議院議員が提案する法律案は「衆法」、参議院議員が提案する法律案は「参法」と呼ばれている。「閣法」の場合、内閣法制局の審査を経たうえで閣議決定され、国会に提出される。「衆法」の場合は衆議院法制局、「参

法」の場合は参議院法制局が法案を作成し、発議される。議員立法のプロセスの詳細については、参議院法制局のホームページに掲載されている流れ図をみると、非常にわかりやすい（URL:http://houseikyoku.sangiin.go.jp/introduction/job.htm）。

　2009年9月の政権交代によって誕生した当時の、鳩山内閣は「政府・与党一元化」の名目で議員立法を原則として禁止した。しかしながら、与党の民主党議員などからの反発が大きく、2010年からはこの原則が見直されている。

（安藤友張）

# 第3章　国の図書館政策

「政策」とは何か。ここでは政策を「公共的な課題を解決するための活動の方針であり、目的・手段の体系をなすもの」と定義しておこう。たとえば住民の身近な場所に図書館を整備し、住民が知識・情報に自由にアクセスできるようにすることを目的とするのであれば、それを実現するために法律・条例を制定し、その法律に基づいて予算措置により必要な事業に補助金を支出することが考えられる。こうした目的、そしてその実現のための手段全体を政策と呼ぶこととする。

政策は基本的に立法機関、つまり国であれば国会によって決定されるが、現実の図書館政策が国会で話題になることは少なく、中央省庁、特に文部科学省を中心に立案・実施されることが多い。そこで、ここでは政策を立法機関・行政機関を含む政府全体によって立案・決定されるものと広く捉えて考えていく。

政策には一般に階層関係があるとされている。それは「政策」、「施策」、「事業」である（図3.1参照）。上位の「政策」から下位の「事業」に行くにしたがい政策は具体化する。公立図書館政策は一般に生涯学習・社会教育分野のもとに位置づけられる。どのレベルを政策と捉えるかは決まったものではなく、観察者の捉え方によって変化する。以下の議論では、これらをひとまとめのものとして図書館にかかわる政策をみていくこととする。

## 1　中央政府による政策の意義

図書館員にとっての図書館政策の意義を考えてみよう。中央政府の立案する政策は、地方公共団体の他の事務と同様、それぞれの図書館の活動のあり方に

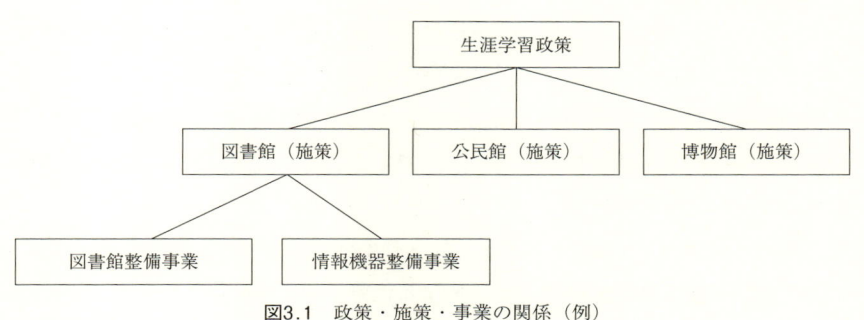

```
                    ┌─────────────┐
                    │ 生涯学習政策 │
                    └──────┬──────┘
         ┌─────────────────┼─────────────────┐
   ┌──────────┐      ┌──────────┐      ┌──────────┐
   │図書館(施策)│      │公民館(施策)│      │博物館(施策)│
   └─────┬────┘      └──────────┘      └──────────┘
   ┌─────┴──────────┐
┌──────────┐  ┌──────────────┐
│図書館整備事業│  │情報機器整備事業│
└──────────┘  └──────────────┘
```

**図3.1 政策・施策・事業の関係(例)**

(注) 筆者作成。

大きな影響を与える。たとえば、図書館法10条は「公立図書館の設置に関する事項は、当該図書館を設置する地方公共団体の条例で定めなければならない」と定めている。したがって、地方公共団体が図書館法に基づく公立図書館を設置する場合、必ず条例を必要とする。

　こうした図書館政策に加え、中央政府によって立案・決定される政策のなかには「図書館政策」ではないにもかかわらず図書館に大きな影響を与えるものがある。たとえば、地方自治法改正によって導入された指定管理者制度は、図書館だけを対象としたものではなく、広く地方公共団体における公の施設の管理・運営を対象としているが、図書館経営のあり方に実質的に多大な影響を与えている。このいささか整合性に欠ける政策展開の背後には、地方分権、規制緩和、財政改革、行政改革など個別政策を横断する政策の推進がある。このように中央政府によって立案される政策は図書館のあり方に大きな影響を与える。このことから、図書館員には中央政府の図書館政策に加え、結果的に図書館に影響を及ぼすその他の政策動向も把握しておくことが望まれる。

## ② 外国の図書館政策

　日本の図書館政策について述べる前に、より広い視点からどのような政策が諸外国で採用されているかについて見てみよう。

まず形式的な側面であるが、政策を推進していく場合、計画の策定がしばしば行われる。国としてどのように図書館を整備し、活動を推進していくかを計画期間、推進体制、評価方法とともに定めておくのである。このことにより、長期的な視座から政策実施を図ることができる。近年の例では「将来に向けての基本的考え方：今後10年の図書館・学習・情報」（イギリス）や「ライブラリー2000」（シンガポール）などがよく知られている。

　多くの国で公立図書館の運営は設置する地方公共団体に任され、国が直接運営することは少ない。したがって国の関与は間接的なものとなり、地方公共団体を誘導するような関与が中心となる。その場合、図書館の整備や個別サービスへの補助金支出、基準の明示、活動の評価といった形態をとることが多い。そこで、以下では主な関与の仕方についてみてみよう。

　まず図書館の整備について補助金によって誘導することがしばしば行われている。整備を地方公共団体の判断に任せるとそれぞれの財政状況によって設置状況にばらつきが生じてしまうためである。1964年以降、アメリカ連邦政府教育省がモデル事業に補助金を支出したが、その一部は図書館設置に使われた（「図書館サービス建設法」）。

　さらに、特定のサービスを推進することもある。情報通信技術の施設・設備の導入を推進する場合、その導入にかかる経費を補助するといったものである。アメリカでは「図書館サービス及び技術法」によって、ネットワーク上の情報にアクセスするための情報通信の施設・設備の設置に対し、補助金が支出されている。

　次に、サービスの内容・量に関する基準が示されることがある。基準の提示により全国的に一定レベルのサービス提供を目指すことになる。このような基準には最底の基準から目標とすべき基準まで幅広く存在する。近年の基準としては、イギリスの「公共図書館のサービス基準」（2004年）がある。

　一定レベルの図書館が全国に広く普及したのちは、こうした全国一律の基準ではなく地域ごとの多様性を反映できる図書館運営が望まれる。そうした図書館運営を支援するため、国の行政機関ではないが、実質的に大きな影響力をも

つアメリカ図書館協会（American Library Association：ALA）は、各図書館がコミュニティのニーズを取り込んで計画を策定できるようマニュアルを作成している。

こうした国レベルの支援の内容は、各国の社会環境、歴史的経緯によって異なるし、それらをどのような強度で実施するか（例えば図書館設置に補助金を支出する場合の補助率）も異なる。それぞれの国はそれぞれの事情に合わせて図書館政策を立案・実施しているのである。こうした政策のなかには日本の図書館政策立案に役立つものも多く、今後の政策づくりのヒントになるだろう。

以上、諸外国の事例を概観したが、次に日本の政策についてみていこう。

## ③　国と地方の役割分担

まず、国と地方の政府間の役割分担について述べる。ここでは国、都道府県、市町村（特別区を含む）という三つのレベルから役割分担を考える。まず国は政策を立案・決定し、都道府県や市町村の図書館の活動を支援する。国は、地域住民に直接サービスする公立図書館自体を設置・運営するわけではないという点でかかわりは間接的である。

次に、都道府県はみずから都道府県立図書館を設置・運営する。同時に、都道府県内の公立図書館への支援を行う。こうした公立図書館への支援は制度的に都道府県教育委員会の役割とされている。都道府県教育委員会は県内の未設置地方公共団体への設置奨励、サービス基準の設定、資料費の補助等を行ってきた。これらの支援は国も同様に行うことがあるが、都道府県は国の補助金に上乗せする補助金を支出したり、地域固有のニーズに根ざした支援を行うことで独自性を出すことができる。こうした図書館振興策をどの程度行うかは都道府県によって異なる。

市町村は図書館を設置・運営する。これまで述べてきたような国や都道府県によって立案された図書館政策、図書館振興策を市町村がどのように受け止め、主体的に実施していくかが、図書館の活動に大きな影響を与える。地方公共団

体でどのように独自の図書館政策を立案すべきかについては次章で述べることとする。

　ところで、都道府県立図書館と市町村立図書館の機能分担ができていないという、いわゆる「二重行政」に対する批判がある。この批判は必ずしも正鵠を射ていない。都道府県立図書館は「第二線図書館」ともいわれるように、市町村立図書館に対する支援を基本的任務としている。一方、市町村立図書館は「第一線図書館」といわれるように、住民と直接に接し、利用者サービスを行うことを基本的任務としている。もちろん、都道府県立図書館も直接住民サービスを行っているので「第一線図書館」の性格を兼ね備えている。

　図書館政策の実施は、国と地方の政府間によって一定の役割分担がなされているが、こうした政府間の関係は他の政策領域と比較し、どのような特徴をもつのであろうか。「縦割り行政」という言葉がある。たとえば学校教育では文部科学省―都道府県教育委員会―市町村教育委員会というように中央省庁を頂点とした垂直的なつながりがある。こうした政策領域ごとのつながりは「縦割り行政」と呼ばれ、地方公共団体の総合行政を阻害してきたと非難されることがある。図書館はどうだろうか。図書館という政策領域は縦割り行政が顕著な政策領域ではなく、それぞれの政府間の関係は比較的自律的であったといえよう。これは都道府県や市町村が主体的に選択した結果というより、歴史的に上位の政府による関与がゆるやかだったことに由来している。そのようになった理由の一つは、国費支出の優先順位が低かったということも関係している。

## ４　所管部局と審議会

　ここでは政策立案の担い手についてみていくとともに、公立図書館以外の館種についても確認しておこう。こうした政策立案の主体がどのような政策領域に属しているかは、当然立案される政策内容と関係する。以下、所管している部局と政策づくりにかかわる審議会についてみていく。

　全国レベルでは、公立図書館は文部科学省の生涯学習政策局社会教育課が主

に担当している。図書館の館種には公立（公共）図書館以外に、国立図書館、大学図書館、学校図書館、専門図書館があるが、それぞれの館種は別々の部局が主に所管している（文部科学省の所管については表3.1を参照。なお専門図書館全般を所管する部局はない）。このように別々の部局がそれぞれの館種の政策づくりや実施を担うことはそれぞれの部局に最適化した図書館政策を立案・実施するのに好都合な仕組みだが、館種を越えた総合的な図書館政策の推進や図書館間の連携協力を難しくする。同じように政府における所管部局が異なる国は多いが、館種間の調整のため館種横断的な組織（委員会など）を設けたり国立図書館がこうした役割を担う国もある。しかし、日本では非公式の連絡会はあるものの制度的に確立された組織がない。

次に審議会をみておこう。他の行政分野と同様、公立図書館政策について考えるときにも、審議会は重要である。なぜなら、これまで公立図書館にかかわる重要な政策の多くは審議会に諮問し、答申を受けたうえで立案されてきたためである。審議会は役所の考え方をオーソライズする「隠れ蓑」として機能することも多い。メンバーの意欲と力量がためされる場ともいえよう。ここで、図書館振興に関する近年の主な審議会を表3.2に示した。法律に基づかない研究会等も挙げた。

審議会によっては分科会、部会、小委員会等を設置し、図書館の問題についてはそうした場で集中的に審議することもある。

## 5　日本の図書館政策

次に日本の図書館政策について、(1)図書館界がかつて望んだ政策、(2)すでに廃止された政策、(3)近年の政策の順にみていこう。かつて望んだ政策やすでに廃止された政策であっても、歴史を理解しておくことはこれからの図書館政策のあり方を考えるうえで役立つであろう。

表3.1　図書館担当の部署と仕事

| 館種 | 政策体系と主な担当部局、仕事 |
|---|---|
| 公共図書館 | 生涯学習政策に位置づけられ、生涯学習政策局社会教育課が担当。司書、司書補の講習や公立、私立図書館の整備に関する指導を行う。また、公立の図書館整備のための補助も任務とする。 |
| 学校図書館 | 学校教育政策に位置づけられ、初等中等教育局児童生徒課が担当。学校図書館の整備を担う。 |
| 大学図書館 | 高等教育・学術研究政策に位置づけられ、研究振興局情報課が担当。大学の附属図書館、その他の学術に関する図書施設に関することを担う。 |

(注) 行政管理研究センター編『行政機構図（平成24年度版）』（行政管理研究センター，2012, 296p.）から作成。

表3.2　公共図書館にかかわる審議会

| 中央教育審議会生涯学習分科会 | 法令に基づく会議。生涯学習にかかわる機会の整備に関する重要事項や社会教育の振興に関する重要事項を審議する。公立図書館政策を考えるとき、最も重要な審議会（分科会）といえる。近年の答申として「新しい時代を切り拓く生涯学習の振興方策について：知の循環型社会の構築を目指して」がある。 |
|---|---|
| 文化審議会著作権分科会 | 法令に基づく会議。著作者の権利、出版権及び著作隣接権の保護及び利用に関する重要事項を審議する。図書館の著作権の問題と関係する。 |
| 地域電子図書館構想検討協力者会議 | 法令に基づかない会議。公立図書館の地域電子図書館機能の整備を目指すことを目標に調査、研究を行った。報告書は「2005年の図書館像～地域電子図書館の実現に向けて～」としてまとめられている。 |
| これからの図書館の在り方検討協力者会議 | 法令に基づかない会議。図書館の現状と課題、21世紀の図書館に求められる機能等、これからの生涯学習社会における図書館のあり方について調査、検討を行った。成果の一つに「これからの図書館像：地域を支える情報拠点をめざして」がある。 |

(注) 筆者作成。

## 5.1　かつて望んだ政策

　戦後直後、図書館界は図書館法に、(1)一定の基準を満たした図書館の義務設置、(2)国立の中央図書館を軸とした図書館網の整備、(3)国、都道府県における図書館部局の設置と市町村における図書館委員会設置、(4)本格的な図書館員養成を望んだ。しかし、これらの多くは実現しなかった。当時の厳しい財政状況がこれを許さなかったのである。連合国軍最高司令官総司令部（General Headquarters, the Supreme Commander for the Allied Powers：GHQ/SCAP）は「経済安定

九原則」を示し、厳しく財政支出の抑制を進めていた。結果として多額の予算を必要とするような政策は図書館法に盛り込まれなかった。その後、1960年代から70年代にかけて図書館界は国に依存するのではなく、地方公共団体における実践から図書館振興を目指す方向に転換していった。

### 5.2 すでに廃止された政策

次に、すでに廃止された政策についてみていくこととしよう。まず、代表的なものに図書館を整備する補助金があった（公立社会教育施設整備費補助金）。かつて国は図書館を設置する地方公共団体に対し低率ではあったが国庫補助金を支出していた。この補助金を使って設置された図書館数は全国で900館以上にのぼる。なぜ低率にもかかわらず多くの図書館設置に活用されたのか。それは地方公共団体では補助金が支出されるだけで、補助率にかかわらずそれを活用する傾向が強いためである。結果としてこの政策は図書館整備に大きく貢献した。しかし、この補助金は地方分権の推進に伴い1999年に廃止された。

基準については図書館法施行規則によって「最低基準」が設けられていた。最低基準は図書館として機能するためのミニマムの基準と呼べるものである。この基準では年間増加冊数、専任・有給図書館長の配置、建物面積等を定めていた。これらの基準値は、現実的な図書館の運営という観点からすれば、きわめて低いものであり、しかもメートル法施行による坪数の改正以外、一度も改正されなかった。また、最低基準を守らなかったとしても何の制裁措置もなかった。しかしこの基準は図書館長の資格要件を定めていた図書館法13条3項とともに専任・有資格図書館長の配置に一定の効果を発揮した。制裁措置がなかったにもかかわらず効果を発揮したのは最低基準等を満たすことが先に述べた公立社会教育施設整備費補助金を受ける条件であったためである。もちろん、図書館設置時だけ専任・有資格図書館長を配置する地方公共団体も多かったため、効果は限定的であったが、開館という重要な時期にそうした図書館長が配置された意義も見逃すことはできない。この最低基準を規定した図書館法施行規則の条文及び図書館法13条3項も1999（平成11）年の図書館法改正により削

除された。

### 5.3 近年の政策

　最後に近年実施されている政策についてみておこう。まず、図書館の新設・増改築という面ではすでに述べたように文部科学省による補助金は廃止されたが、他の省庁の補助金を利用できることがある。しかし、そうした補助金は利用できる地方公共団体が限定されることが多い。また、補助率が低く地方公共団体の後年の負担が大きくなる場合もある。

　図書館の運営経費については、「地方交付税」の算定根拠に加えられている。地方交付税交付金の制度はもともと行政サービス全般について全国的な施策水準の平準化を意図したものである。交付に際しては、主に人口を基準に地方公共団体が平均的な行政を行うためにいくら行政経費が必要かを積算したうえで、地方公共団体の歳入がそれを下回った場合、国から交付され一般財源に組み入れられる。地方交付税は補助金と異なり地方公共団体の固有財源とされ使途は限定されない。図書館の経費は平均的な行政にかかる経費の一つとして積算されているわけである。図書館界では本来その予算は図書館に措置されるべきであるという意見があるが、積算される経費が実態と合わず、また一般財源として使い道も限定されていないため、地方公共団体の予算編成過程では参考にされることが少ないのが実態である。

　基準については図書館界が長く待ち望んだ「公立図書館の設置及び運営上の望ましい基準」（単に「望ましい基準」ともいわれる）が2001年に大臣告示された。これは図書館法制定当時、認可制が廃止されたため施設運営の水準を維持するために必要とされた基準である。これによって望ましい図書館の姿が国によって示されたことになる。告示された「望ましい基準」には数値基準が示されていない点が不十分との指摘もあるが、国によって基準が示されたことには一定の意義が認められる。2012年には、それまでの制度や社会的変化を受けて「望ましい基準」が改正された。私立図書館が対象に加えられ、名称も「図書館の設置及び運営上の望ましい基準」となった。

さらに、近年、文部科学省によって図書館に関係する提言や調査報告書が多数公表されている。そこでは先進事例・諸外国の実践が報告され、また新たな図書館像が提示されている。こうした資料は図書館の運営に役立てることができる。また、すでに述べた審議会答申も地方公共団体における図書館政策の基礎資料となる。

特定の事業への支援として、コンピュータ・システム、自動車図書館、障害者用の設備等に補助金が支出されてきた。他に司書及び司書補の研修や新任図書館長の研修等職員の資質向上も支援してきた。

公立図書館にかかわる国の政策に関する情報は教育委員会を通じて文書が流れてくる他、文部科学省のホームページや日本図書館協会発行の『図書館雑誌』、『図書館年鑑』に掲載されているので注意してみておくとよいだろう。

## 6　日本図書館協会

日本図書館協会は政府の組織ではないが、図書館の政策立案、実施に大きな影響力をもっている全国的組織であるため、ここで取りあげる。

日本図書館協会は様々な館種や関連施設との連絡、提携のもと図書館事業の進歩、発展を図り、文化の発展に寄与することを目的としている団体である。正会員、準会員、賛助会員によって構成され、館種による部会と「図書館の自由委員会」や「障害者サービス委員会」など各種委員会がある。政策に関しては、「図書館政策委員会」が設置され独自の図書館政策の立案や調査研究を行ってきた。会員は司書に限らず日本図書館協会の趣旨に賛同する個人であれば誰でもなることができる。

日本図書館協会のような図書館協会は諸外国においても、図書館政策に一定の影響力をもっている。例えばアメリカ図書館協会（ALA）は、高等教育機関におけるライブラリアン養成に関しての認証評価を担っている。図書館協会の影響力の強弱は国によって異なり、日本図書館協会は制度的に強力な権限をもつとはいえないが、日本最大の図書館関連団体として多くの情報が集まり、実

際に政策立案・実施に一定の影響力をもっている。

　図書館政策にかかわる活動としては、政府の審議会等への関係者の参加や政策担当者への様々なかたちの情報提供、政策提言が挙げられる。また、ロビー活動も行ってきた。こうした政策づくりへの係わりとは別に、図書館の管理・運営・技術に関する調査研究、図書館関連の図書・雑誌の刊行、図書館の設立・運営指導等も行っている。特に『中小都市における公共図書館の運営』、『市民の図書館』、『公立図書館の任務と目標』等をまとめ出版してきたが、これらは「望ましい基準」が示されないなかで公立図書館運営の重要な指針となった。

　このように、日本図書館協会は、政府の組織ではないが専門的知識を豊富に蓄え、実質的に日本の図書館政策に大きな影響を与えてきたのである。

**参考文献**

日本図書館学会研究委員会編集『日本における図書館行政とその施策』日外アソシエーツ，1988，207p.

文部科学省生涯学習政策局社会教育課（株式会社シィー・ディー・アイ）『諸外国の公共図書館に関する調査報告書』文部科学省，2005，290p.

日本図書館情報学会研究委員会編集『変革の時代の公共図書館』勉誠出版，2008，202p.

# 第4章　地方公共団体の図書館政策

　図書館の事業は自治事務に位置づけられる。自治事務とは、法定受託事務以外の事務のことである。では法定受託事務は何かといえば「国が本来果たすべき役割に係わるものであって、国においてその適切な処理を特に確保する必要があるもの」（地方自治法2条9項）である。このことから、自治事務に位置づけられる図書館の事業は設置する地方公共団体の主体的取り組みに大きく依存することが分かるだろう。図書館を設置する地方公共団体が、どのような政策を立案し実施するかがその地域の図書館のあり方に大きく影響するのである。

　政策といったとき、そこに何が含まれるかは前章で述べたとおりである。すなわち、「公共的な課題を解決するための活動の方針であり、目的・手段の体系をなすもの」である。地方公共団体では、政策は条例・規則、総合計画をはじめとした各種計画、予算等によって具体化される。本章では、地方公共団体の図書館政策がどのような関係者、制度のもとに立案、実施されているのかについてみていこう。

　最初に図書館の計画について述べるが、それは以下のような理由による。図書館において利用申請用紙の書式を変更する場合や、館内での飲食の可否を決める場合、特段計画を意識する必要はない。しかし、仮に「あらゆる市民に、生涯学習、そして豊かな文化的生活のために質の高い知識・情報を届ける」という目標を掲げ図書館の活動を再編していく場合、入念な計画が必要になる。なぜなら、設定した目標に向かって様々な事業を有機的に統合・改革するとともに、組織形態を含めて経営資源の配分を見直すことが必要になるためである。慎重に策定された計画がなければこうした目標を実現することは難しい。そして、このようにして定めた目標と計画が地方公共団体でオーソライズされるこ

とで地方公共団体の図書館政策になる。

このように地方公共団体の図書館政策を考えるとき、まず目標を定め、それを具体化した図書館計画が必要となる。そこで以下では図書館の計画づくりの概要を解説する。

### 1 図書館の計画の策定

地方公共団体では様々なレベルの計画を策定している。具体的には総合計画、政策分野別計画（例えば読書活動推進計画）、人員管理計画、施設整備計画等がある。そして、図書館においては独自の計画として「事業計画」が策定され、場合によっては中長期の計画も策定される。図書館ではそうした計画を策定し、事業の予算規模や政治性に応じて首長をはじめ関連する部局や議員、市民団体と意見交換や調整をしながら、各種計画に位置づけ、予算を確保し、執行していくことになる。中・長期の計画は3年以上を、事業計画は1年間を計画期間とすることが多い。以下ではこうした計画の策定の手順を確認していこう。

ところで、中長期の計画を策定している図書館はどのくらいあるのだろうか。国立教育政策研究所の調査（2004年）によれば、将来構想やビジョンを明文化しているのは市町村立図書館のうち42.5％に過ぎない[1]。また、3～5年の図書館サービス計画をもつのは18.8％に過ぎない。「図書館の設置及び運営上の望ましい基準」は図書館サービスの計画的実施を求めているが、十分浸透していないようである。

計画の策定を考えたとき「誰が」計画を策定するのか、という問題がある。図書館のサービスは、読書、生涯学習、学校教育などと密接に関係しているため、教育委員会や生涯学習部局などが中心になって計画を策定することも考えられる。しかし、実際には図書館が中心になって策定することが多い。その場

---

1) 国立教育政策研究所社会教育実践研修センター「図書館及び図書館司書の実態に関する調査研究報告書　日本の図書館はどこまで「望ましい基準」に近づいたか」http://www.nier.go.jp/jissen/chosa/houkokusyomokuji15.htm,（参照2013-01-29）.

合、図書館協議会などに諮問することもある。

　計画づくりでは、まず、地域における図書館へのニーズを把握する。そのために、地方公共団体に関する様々な統計資料からコミュニティ・プロファイル（住民の年齢構成や職業等の情報）を作成する。次に、すでに公刊された統計資料等からは入手できない情報を利用者調査・住民調査・業務統計等から把握する。こうした調査の実施と分析、解釈はしばしば骨の折れる作業になるが欠かせないものである。あわせて将来の環境変化の予測を行う。未来の環境予測は困難だが、現状において可能な範囲で行う。ボーンデジタルの資料が大幅に増加する、読書の重要性が見直される、利用者に占める高齢者の比率が上がる、といったことが将来予測の例である。

　調査したニーズに基づいて、図書館が目指す役割・使命を明らかにする。こうした役割・使命は人々の関心を喚起し改革へのエネルギーを生み出すため、可能な限り図書館の将来に関心をもつ人々とともに作っていくことが望まれる。多くの民間企業もこうした役割・使命を明確にしているため参考にできるであろう。もちろん自治体の総合計画など他の関連計画と一定の整合性をもたせるようにする。

　なお、役割・使命をコミュニティのニーズから帰納的に導き出すべきか、演繹的に設定すべきかについては、議論がある。一般的には、図書館をとりかこむ環境の変化が緩やか場合は帰納的に、環境の変化が激しい場合は演繹的に導き出すことが望ましいであろう。

　役割・使命を定めたら、それを実現するための目標（目的）を設定し、具体的な活動（事業）をそうした目標のもとに位置づけていく。役割・使命と目標、さらには活動とのあいだには有機的関連性をもたせる。また、この作業のなかでは目標の達成状況を把握するための評価指標を整理しておく。その場合、数値化できるものは数値化しておく。たとえば、おはなし会の参加人数を20％増やすといったことを定めるわけである。数値化することで達成状況を客観的に管理することができるとともに職員の励みにもなる。

　新図書館の建設や図書館システムの入れ替えなど必要とする予算額が大きい

事業は計画が「絵に描いた餅」にならぬよう、地方公共団体の関連計画に載せていく。このためには、庁内における意志決定の流れをよく知り、政策に盛り込むためのテクニックを習得しておく必要がある。その場合の基本は関連部局との密接な情報交換である。特に企画部局、財政部局、人事部局といった地方公共団体の総務系部門、及び教育委員会、教育長への情報提供や意見交換は頻繁に行う。

　計画の内容面では地方公共団体全体への目配りも欠かせない。図書館のことだけを考えた計画では役所内の関係者の理解を得にくい。図書館が地方公共団体全体の政策にどう貢献できるかを明確にするとともに、図書館以外の部局の施策も踏まえた目標や事業の策定が必要である。しばしば図書館はセクショナリズムに陥りがちである。地方公共団体にとって重要な政策課題については、部署を越えて協働していくことがコミュニティ全体の利益になり、ひいては図書館の存在価値を高める。

　以上のようにして中・長期計画を策定したのちは単年度の事業計画を策定し、事業を実施していく。計画は策定されてからがはじまりである。職員によく周知するとともに、日常業務で意識できるようにする。たとえば、達成状況をモニターし、その情報を定期的に朝礼や回覧によって共有することが考えられる。また、各種マニュアル等を変更する必要も出てくるであろう。たとえばビジネス分野の資料を充実するといった計画を立てた場合、資料収集方針を変更し、範囲・レベル等の基準を改定する必要も出てくる。さらに、これらの計画は市民に広く公表していくことが望ましい。

　以上、ここまで述べてきたような計画策定に役立つ情報として、国際図書館連盟（IFLA）、文部科学省、日本図書館協会等が作成している基準や提言、報告書がある。さらに図書館関連図書・雑誌、他図書館の実践等も参考になる。特に以下のような基準、提言は重要である。

(1)国際図書館連盟公共図書館分科会ワーキング・グループ編，山本順一訳『理想の公共図書館サービスのために：IFLA/UNESCO ガイドライン』日本図

書館協会，2003，156p.
(2)これからの図書館の在り方検討協力者会議『これからの図書館像：地域を支える情報拠点をめざして（報告）』これからの図書館の在り方検討協力者会議，2006，94p.
(3)日本図書館協会図書館政策特別委員会『公立図書館の任務と目標解説　改訂版増補』日本図書館協会，2009，107p.
(4)「図書館の設置及び運営上の望ましい基準」（平成24年12月19日文部科学省告示第172号）。

　計画は年度ごとに進捗状況をチェックするのと同時に、目標年度をむかえた際には、包括的な評価を行う。図書館員以外の外部委員も交えた評価委員会などを立ち上げ、評価するのがよいだろう。評価方法については、事前に計画で定めておき、それに基づいて評価を実施する。評価結果は次の計画策定の基礎資料にもなるだろう。
　ここで述べた計画策定の方法については、『公共図書館のサービス計画』が詳しい[2]。この図書は1980年に書かれたアメリカの公共図書館計画策定マニュアルだが、手順は大いに参考にすることができる。

## 2　地方公共団体における図書館の位置づけ

　地方公共団体における図書館政策を考えたとき、図書館の組織上の位置づけの理解は不可欠である。組織上の位置づけは組織図として表されるが、それは同時に権限の流れを表しているためである。計画を具体化していくためにも、こうした権限の流れの理解は不可欠なのである。
　地方公共団体では首長（一般に「知事、市長、町長」などと呼ばれる）と地方議会の議員を市民が別々に選挙で選ぶ。こうした地方公共団体の制度を二元代表

---

2) V. E. パーマーほか著，田村俊作，糸賀雅児，上田修一，藤部明倫，常盤繁，白石英里子訳『公共図書館のサービス計画：計画のたて方と調査の手引き』勁草書房，1985．308p.

制と呼ぶ。こうして選ばれた首長と議員（議会）は、お互いの権力の均衡のもと地方公共団体を運営することが期待されている。しかし、実際には、首長は条例案・予算案の提出権、組織編成権など広範かつ強力な権限をもつため、地方公共団体の運営において議会をしのぐ力をもっている。そのため、議員の多くは与党化し、首長提案の様々な議案に賛成する代わりに、自らの政策の実現や住民への利益誘導を図ろうとするといわれている。

このように首長の権限は強いため首長の図書館に対する考え方は地方公共団体の図書館政策に大きな影響を与える。1960年代後半以降、公立図書館界を牽引したことで知られる日野市立図書館は日本図書館協会事務局長だった有山崧が日野市の市長になったことが発展の一つの契機となった。他にも図書館への理解の深い首長のもとで図書館が発展した事例は多い。

首長の権限は強大であるが、議会の権限も無視できない。議会はそもそも条例を制定する権限をもっている。現実には、議員が条例案を提出することはきわめて少なく、政策立案という点では形骸化した審議機関である。しかし、行政機関の活動を監視するという点では一定の役割を果たしてきたといわれている。したがって、議員に図書館活動への理解を促すことは重要であり、議会対応は図書館長の重要な任務の一つといえよう。

図書館は組織上、教育委員会に属している。教育委員会のなかの図書館の位置づけは様々であるが、小さな町の図書館では図4.1のように、教育長や教育委員会事務局のもとに他の課と並列的に位置していることが多い。大きな町の場合は、生涯学習部などの下に位置していることが多いであろう。

教育委員会の委員は首長によって任命される。任命に際しては議会の過半数の同意が必要とされている。さらに選出された教育委員のなかから事務を処理するため教育長を選び任命する。地方公共団体では首長による過度の介入・干渉が望ましくない性質の仕事について「独立行政委員会」が設けられ事務にあたっているが、教育委員会もその一つである。

教育委員会は特に首長の恣意的、党派的な政策運営を回避し教育の専門技術性、継続性の確保を目的に設置されている。こうした教育委員会が必ずしも制

第4章　地方公共団体の図書館政策

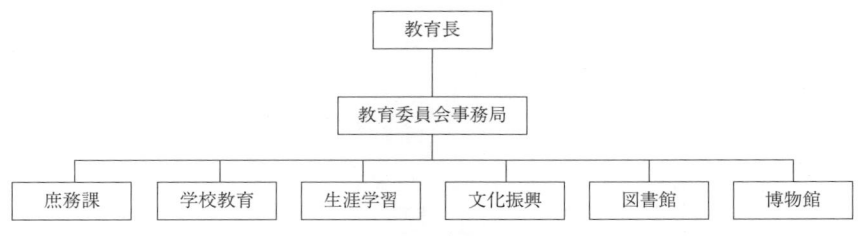

```
                    ┌─────────┐
                    │  教育長  │
                    └────┬────┘
                         │
                ┌────────┴────────┐
                │  教育委員会事務局  │
                └────────┬────────┘
     ┌──────┬──────┬─────┼─────┬──────┬──────┐
  ┌──┴─┐ ┌─┴──┐ ┌─┴──┐ ┌┴───┐ ┌┴───┐ ┌┴───┐
  │庶務課│ │学校教育│ │生涯学習│ │文化振興│ │図書館│ │博物館│
  └────┘ └────┘ └────┘ └────┘ └────┘ └────┘
```

**図4.1　教育委員会内の図書館の位置づけ**
(注) 筆者作成。

度の趣旨どおりに機能していないことについては、すでに指摘したとおりであるが、現状において図書館は教育委員会に属していることから、教育委員、教育長と密に連携をとっていくことが政策実現の基本であることは間違いない。

　先ほどみたように、首長は予算案の提出権、組織編成権をもち、それらによって地方公共団体の一体的な行政運営を担う。そうした首長の指示を受け、実際に一体的な政策の展開をはかるのが総務系部門と呼ばれる企画部局、財政部局、そして人事部局である。企画部局は地方公共団体の計画を中心になって策定する。ここで策定される計画のなかで特に重要なものが「総合計画」である（図4.2）。財政部局では首長の政策や総合計画、財政の状況などをもとに事業を査定し予算編成を行っていく。人事部局では職員を任用し異動、昇進等を決める。図書館は教育委員会に属するが、予算編成権は首長がもつことから、首長をはじめこうした総務系部門との様々な調整が常に必要になる。以下では、総務系部門が担う計画と予算について概要を述べる。

## ③　地方公共団体の計画

　企画部局を中心に総合計画が策定されている。これは「基本構想」、「基本計画」、「実施計画」という3層構造をとるのが一般的である。基本構想は10〜25年、基本計画は5年、実施計画は3年という計画期間をもつものが多い。一般に基本構想では地方公共団体の将来ビジョンが描かれ、基本計画では基本構想を受け施策を中期的な視点から定める。実施計画では基本計画で具体化された

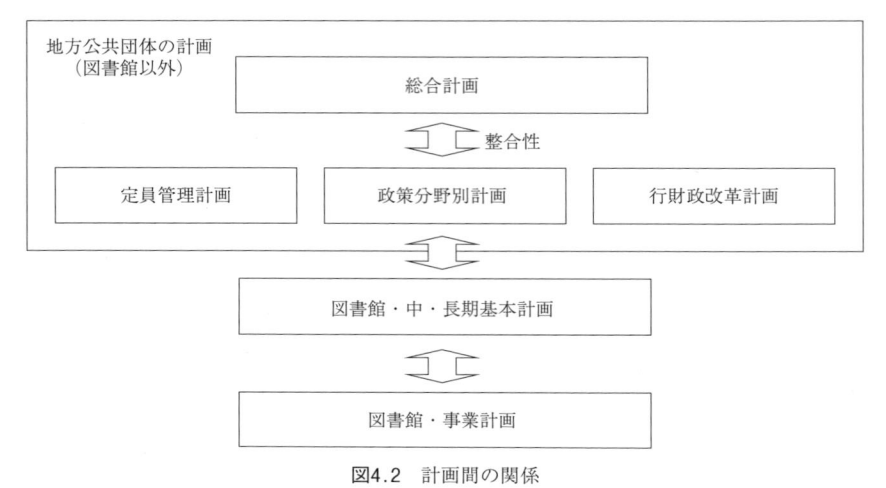

```
┌─地方公共団体の計画──────────────────────────────────┐
│ （図書館以外）     ┌─────────────┐                  │
│                    │   総合計画   │                  │
│                    └─────────────┘                  │
│                        ⇕ 整合性                      │
│  ┌──────────┐  ┌──────────────┐  ┌──────────────┐   │
│  │定員管理計画│  │ 政策分野別計画 │  │ 行財政改革計画 │   │
│  └──────────┘  └──────────────┘  └──────────────┘   │
└──────────────────────────────────────────────────────┘
                            ⇕
                ┌─────────────────────┐
                │ 図書館・中・長期基本計画 │
                └─────────────────────┘
                            ⇕
                ┌─────────────────┐
                │  図書館・事業計画  │
                └─────────────────┘
```

図4.2　計画間の関係

(注) 筆者作成。

施策を計画化し、事業の実施状況を見ながら毎年の計画を見直していく（「ローリング」と呼ばれる）。

　地方公共団体の各部局はセクショナリズムに陥りがちである。総合計画を策定することで個々ばらばらになりがちな部局の事業に一体性を確保することが目指される。総合計画は地方公共団体の政策展開の中心に位置し、特に大きな予算を必要とする場合は総合計画化されていなければ実現の見込みがない。このことから、特に新図書館の建設や図書館システムの入れ替えなど多額の予算を必要とする事業の場合、総合計画でしっかり計画化されるよう必要な調整が求められる。

　こうした総合計画に加え、地方公共団体では様々な計画が策定されている。事業のなかには、それらの計画に位置づけられなければ実現しないものも多い。図書館と特に関連の深い計画には、生涯学習計画や教育振興計画、読書活動推進計画等がある。政策分野ごとに策定されるこうした計画は「政策分野別計画」と呼ばれるが、それらも当然、総合計画との整合性を求められる。ほかに施設の整備計画や行財政改革の計画、職員の定員管理に関する計画等もある。これらの計画も総合計画との整合性が求められる。こうした計画間の関係は図

4.2のように示すことができる。
　計画は一般に予算配分のあり方を規定し、職員の配置計画と連動する。図書館では必要な事業を実現していくため、計画を策定したうえで積極的に情報発信を行い、関係者の理解を得ながら、事業をそれぞれの計画に位置づける努力が求められる。

## ④　図書館の予算

　予算とは、一定期間における収入・支出の見積もりの一覧表のことである。図書館と関係するのはそのうち主に支出に関するものである。図書館は次年度に支出すべき項目を要求書としてまとめるが、それは図書館のめざす役割・使命、そしてそれを具体化した事業を金額によって示したものになる。図書館予算は地方公共団体の行政費全体の1％にも満たないことが多いが、図書館の活動を活発にしていくためには、しっかりと予算を確保していくことが必要であることは言うまでもない。
　予算は一般に政策的・投資的経費と義務的・経常的経費等に分けられる。新たな図書館を建設するような経費は前者で、人件費のように毎年決まって支出されるような経費は後者である。予算編成においては主に前者の政策的・投資的経費の取り扱いが焦点になり、後者については前年度の予算額が次年度の予算額の算定基準となる。
　公立図書館に要する経費は地方公共団体によってほぼ全額がまかなわれる。国、都道府県からの補助金や市民からの寄付金もあるがわずかである。経費のうち毎年決まって支出されるものは一般財源から支出される。一般財源とは使途が限定されない財源のことであり前章で述べた地方交付税もここに組み込まれる。アメリカの一部の州では図書館目的税が徴収され、図書館の経費はそこからまかなわれることがあるが、日本では一般財源から支出されている。したがって、予算額は場合によっては他部局との争いによって決せられることになる。

次に図書館の予算編成の流れについてみておこう（図4.3）。予算編成は夏から秋頃に予算編成方針が示されてからはじまる。この予算編成方針では、予算編成に際しての方針、注意点が示されるため、それにしたがい予算要求書を作成する。予算要求書の作成では既存事業の見直しを行い、また新規事業を検討する。作成に際しては庶務（管理）部門の職員以外に奉仕（サービス）部門の職員もかかわることが望まれる。これは、職員のコスト意識を醸成できるためであり、また予算編成作業をとおして地方公共団体の仕事のルールを理解することにつながるためである。

　作成した予算要求書は教育委員会内で調整したのち財政部局に提出する。財政部局では提出された要求書について予算編成方針にしたがっているか等を確認したうえで、予算要求の状況、首長の政策、総合計画との整合性、歳入の予定等を勘案しながら査定作業を行う。財政部局による査定が終了すると首長に提出され首長が査定を行う。こうした作業は2月頃まで行われ、予算案確定後、議会に提出される。

　議会では本会議において予算案が説明され、その後常任委員会に付託される。審議の結果、承認されると最終的に本会議で議決され次年度の予算が成立する。

　右肩上がりの税収が見込めない現在、限られた財源を効果的・効率的に使うことへの要請がかつてなく高まっている。そのため、予算編成において部別枠配分、経営会議の開催、評価との連動といった改革が行われている。部別枠配分とは各部（たとえば生涯学習部）に一定額を配分したうえで使い方を情報が最も豊富な現場の判断に任せる方法である。この場合、図書館にも一定額が割り振られ、使途を図書館が主体的に決めることができる。また、経営会議の開催とは、首長等と幹部職員が地方公共団体の重要事項について議論する会議を開催するもので、予算案については特に政策的・投資的経費にかかわる事業を集中的に検討する。さらに評価との連動とは、政策実施による効果を予算配分に連動させることであり、「事務事業評価」といったかたちで実施されている。

第4章　地方公共団体の図書館政策

```
┌─────────────────────────────────┐
│      財政部局からの予算編成方針の提示      │
│                                 │
│  幹部職員の会議等で確認された予算編成方    │
│  針（予算編成に当たっての方針・注意点が    │
│  書かれている）が示される。              │
└─────────────────────────────────┘
              ↓
┌─────────────────────────────────┐
│      図書館として検討、予算を立案         │
│                                 │
│  既存事業の見直しや新規事業を検討した上    │
│  で、あらかじめ定められた様式にしたがい    │
│  図書館の予算要求書を作成する。          │
└─────────────────────────────────┘
              ↓
┌─────────────────────────────────┐
│       教育委員会に提出、調整            │
│                                 │
│  教育委員会で一旦取りまとめられ調整され    │
│  たのち、財政部局に提出されることが多い。  │
└─────────────────────────────────┘
              ↓
┌─────────────────────────────────┐
│        財政部局に提出、説明            │
│                                 │
│  各部局から提出された予算要求について、    │
│  財政部局が説明を聴取する。予算要求の状    │
│  況、首長の政策、総合計画との整合性、歳    │
│  入の予定等を勘案し査定する。            │
└─────────────────────────────────┘
              ↓
┌─────────────────────────────────┐
│             首長査定              │
│           首長が査定を行う           │
└─────────────────────────────────┘
              ↓
┌─────────────────────────────────┐
│            予算案の確定             │
└─────────────────────────────────┘
              ↓
┌─────────────────────────────────┐
│       議会に提出・審議・決定           │
│                                 │
│  首長が予算書とともに予算に関する説明書    │
│  を議会に提出する。予算案は本会議で説明    │
│  され、常任委員会に付託される。審議の結    │
│  果承認されると、最終的に本会議で議決さ    │
│  れる。                          │
└─────────────────────────────────┘
```

図4.3　予算編成の流れ

（注）筆者作成。

## 5　図書館振興策

都道府県（以下、5.1では「県」と呼ぶ）は市町村の図書館設置を推進し、活動を活発にするため支援を行ってきた。こうした都道府県による図書館振興策は実際に大きな効果をもつことがある。ここではこうした都道府県による市町村立図書館への図書館振興策について概観しておこう。

### 5.1　図書館振興策の概要

県は歴史的に県立図書館来館者への直接サービスと図書館未設置地域へのサービスを担ってきたが、市町村立図書館の充実に伴い役割を見直し、次第に図書館振興策に代表される市町村立図書館の支援を重要な任務と自覚するようになった。これは県内全域の図書館サービスは県が独自に展開するより市町村立図書館と協力して行った方が効率的・効果的に行えることとも関係している。

県による図書館振興策を実施する主体は、社会教育法及び地方教育行政の組織及び運営に関する法律から県教育委員会とされている。多くの県が実施している支援としては、協力貸出、協力レファレンスサービス、専門的図書館のコレクション構築、市町村立図書館間の相互協力体制の整備、県内図書館職員を対象とした研修、未設置地域への図書館サービスなどがある。これ以外に、県独自の望ましい基準の策定、図書館設置費の補助、資料購入費の補助等も一部で行われてきた。

### 5.2　振興策の例

都道府県による図書館振興策の成功例として広く知られているのは東京都と滋賀県の試みである。前者は図書館振興策の初期の成功例としてよく知られ、後者は有効な図書館振興策が県内の図書館活動を大きく飛躍させうることを明らかにしたことで知られている。

東京都は1970年代はじめ、区市町村の図書館建設に対する補助金を支出し、

図書館整備を政策的に進めた。また、資料購入費への補助金も支出し活動を支援した。こうした図書館振興の背景には、日野市立図書館の成功、美濃部革新都政の成立等が挙げられている。この図書館振興策によって都内の図書館設置率は大幅に上昇し活動も活発化した。結果としてこの振興策はその後の都道府県の取り組みの見本になった。また、活発に活動した都内の図書館は全国の図書館活動を牽引した。

　滋賀県でも1980年代初頭以降、図書館建設、資料購入費、移動図書館車購入に対する補助を行うとともに、全国の図書館から専門職の図書館長を招くことを奨励した。結果、滋賀県の図書館の設置率はやはり大幅に上昇し、全国的にも注目される図書館を数多く生み出した。

　こうした図書館振興策の成功の背景には図書館への理解の深い首長（知事）の存在があった。このことは近年注目を集めた鳥取県の例においても例外ではない。こうした首長の存在に加え、県立図書館長のリーダーシップ、さらには振興策を策定する優れたプロジェクトチームの存在も不可欠である。そうしたいくつかの条件をクリアすることで、県庁内の総務系部門や教育委員会内の様々な関係者を納得させ、協力を得ることができるようになるのである。「振興」とは「物事を盛んにする」という意味である。都道府県教育委員会には、市町村の教育委員会・図書館としっかりコミュニケーションをとり、県内の図書館活動を豊かにする総合的な図書館振興策の策定が望まれる。

　東京都の事例も滋賀県の事例も、都や県がイニシアティブをとることで、都内・県内の図書館は大きく変化した。図書館は孤立したままではその可能性を十分発揮できない。多くの図書館と協力し、また切磋琢磨することで優れた実践を生み出すことができるのである。そうした基盤整備を進めるための都道府県の責任は大きい。

**参考文献**
常世田良『浦安図書館にできること：図書館アイデンティティ』勁草書房，2003，270p.
礒崎初仁，金井利之，伊藤正次編『ホーンブック　地方自治』（改訂版）北樹出版，

2011, 271p.

---

■□コラム□■

## 事業仕分けと図書館

　2009年11月、民主党（当時は与党）の行政刷新会議によって、事業仕分けが実施された。脱官僚をめざし、政治主導をスローガンとする民主党の目玉が事業仕分けであった。事業仕分けという言葉も人口に膾炙され、流行語となった。

　そもそも事業仕分けは、カナダで実施された「プログラム・レビュー」を範としている。日本では、政策の立案・実施をめざす、非営利組織のシンクタンク「構想日本」のメンバーが、地方公共団体において行政の事業仕分けを実践してきた。それを国家レベルの政策の予算策定に、民主党は取り入れた。透明性や公開性を売りとする民主党の事業仕分けであるが、仕分けの結果自体に法的拘束力は全くない。

　枝野幸男、蓮舫などの民主党議員をはじめ、民間人（学識経験者など）らが仕分け人（評価者）となって、当該事業の担当省庁のキャリア官僚と議論しながら、仕分け作業は実施された。公開の場において、行政による予算の無駄使いを洗い出す。この作業は賛否両論であった。納税者である国民の目からみれば、費用対効果の観点から、官僚らによる税金の無駄使いをチェックできる有効な手法であると映るかもしれない。予算編成の仕組みの一端が国民にも明らかになり、事業の中身もオープンとなった。しかし、図書館をはじめ、教育や学術研究の分野において、単純なものさしで税金を投入した成果を評価するのは早計である。

　図書館関係でいえば、仕分けの結果、文部科学省の「子どもの読書活動推進事業」（2億1200万円）、子どもの体験活動や読書活動の振興を図る「子どもゆめ基金」（21億440万円）が「廃止」と判定された。2010年は国民読書年であったが、この事実を考慮に入れた事業仕分けであったのだろうか。いささか疑問を感じる。

　教員免許をもたない民間人校長として注目を浴びた経歴をもつ藤原和博は、教育事業（第3ワーキンググループ）の仕分け人として任用された。仕分けのさい、学校図書館について、「蔵書のほとんどが死んでいる。15年前の百科事典など、本を捨てるキャンペーンをやるべきだ。」と藤原は発言した。彼は、ストック型ではなく、フロー型の図書館を志向している。仕分け人らの見識を疑う発言もあった。

　事業仕分けにおいて、ともすれば図書館関連事業は格好のターゲットになりやすい。仕分け人たちの図書館に関する皮相的な見方に注意を払うべきである。

（安藤友張）

| 第5章 | 図書館の職員体制と司書職制度 |

　はじめに、図書館の職員体制について考えてみることにしたい。司書に代表される図書館の専門的職員は、館種を問わず、図書館や情報センター等の組織に所属して、その専門的能力を大きく活かすことが可能となる。図書館業務の専門性は、個人的な知識・力量だけに依存しているわけではない。むしろそれは、図書館という存在を前提として、その組織と職員集団を通じて発揮されるところが大きい。だからこそ、図書館における職員体制は、当該図書館の使命が果たされ、その業務が適切かつ効率的に遂行されるよう編成されていなければならない。

　次いで、司書をめぐる諸問題について考える。一般的に、図書館で専門的業務に携わる職員は、司書あるいは司書補と考えられている。実際、図書館法4条にも、「図書館に置かれる専門的職員を司書及び司書補と称する」とうたわれている。もっとも、同法は、地方公共団体が設置する公立図書館と、日本赤十字社又は一般社団法人若しくは一般財団法人が設置する私立図書館、すなわち公共図書館を対象としている。しかし、他の館種の図書館において専門的職務に従事している職員も司書と呼ばれているかどうかにかかわらず、図書館法上の司書と同様の業務に従事し、同様の知識や技術を必要とされている。

## 1　図書館の機構及び職員体制

　通常、図書館の職員体制は、三つの部門から構成される。施設管理や庶務等を担当する部門、資料受入や目録業務等のテクニカル・サービスを担当する部門、そして、貸出やレファレンス等のパブリック・サービスを担当する部門の

三つである。それらのうち、後者二つは、図書館の専門的業務を担当する部門である。ここでは、N市の例を参考に、公立図書館における機構や職員体制について考えてみる。まずは、図書館の機構についてである。2012年版N市立図書館年報、及びN市図書館処務規則等を参考に、N市図書館の機構図を示すと図5.1のようになる。

　図5.1にある、主幹及び主査とは、施設及び設備の管理や、図書館の管理運営に係る企画及び調整等を担当する職員のことである。庶務を担当する部門には庶務係が置かれているのだが、この係の分掌事務は、施設及び設備の管理や図書館の管理運営に係る企画等に加えて、人事、給与及び予算決算の手続きに関すること、調査、統計及び諸報告のとりまとめに関すること、あるいは、図書館相互の連絡調整や図書館協議会の庶務に関すること等である。つまり、N市では、施設管理や図書館の管理運営等を専ら担当する部門と、それらに加えて庶務を担当する部門とが、図書館の専門的業務を担当する部門とは独立して設けられているということになる。

　N市図書館では、図書館の専門的業務を担当する部門のうち、テクニカル・サービスを担当する部門として整理課が、パブリック・サービスを担当する部門として奉仕課が置かれている。両課は、いずれも中央館に置かれた組織である。このうち、整理課には、その下位部門として、資料の収書及び選択や分類等を担当する収書整理係と、電子計算機処理等を担当する情報システム係が置かれている。なお、情報システム係は2012年に新設された係であり、それ以前の整理課には半世紀近くにわたり収書係と整理係が置かれていた。一方、奉仕課が担当すべき業務は、その下位部門に置かれた奉仕第一係及び同第二係に分担されている。また、複数の分館は、中央館の下位組織として位置づけられているのだが、各分館には、それぞれ奉仕係が置かれている。

　次に、図書館に配属されている職員、とりわけ、図書館の専門的業務に携わる職員について取り上げよう。N市図書館条例には、職員に関して次のように規定されている。

第5章　図書館の職員体制と司書職制度

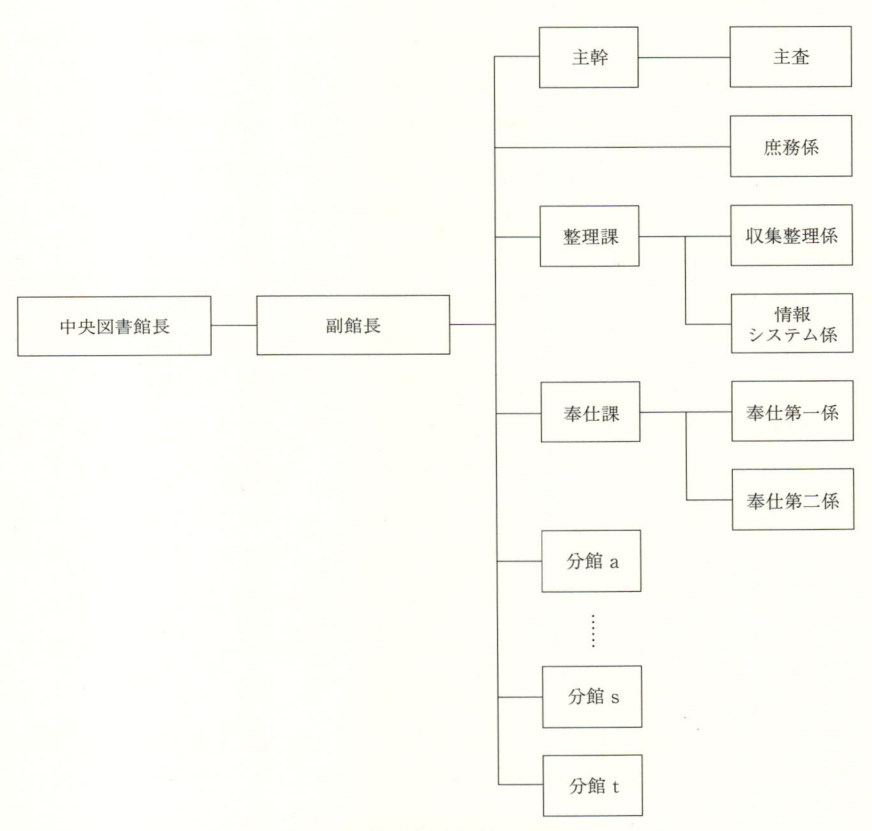

```
中央図書館長 ─ 副館長 ┬─ 主幹 ─── 主査
                    │
                    ├─────── 庶務係
                    │
                    ├─ 整理課 ┬─ 収集整理係
                    │        └─ 情報システム係
                    │
                    ├─ 奉仕課 ┬─ 奉仕第一係
                    │        └─ 奉仕第二係
                    │
                    ├─ 分館 a
                    ⋮
                    ├─ 分館 s
                    │
                    └─ 分館 t
```

**図5.1　N市図書館の機構図**
（注）2012年版N市立図書館年報、N市図書館処務規則等を参考に作成。

　図書館（分館を含む。）に館長、司書、司書補、事務職員、技術職員、その他必要な職員を置く。

　N市図書館条例は、図書館法10条に基づいて、同法公布のわずか半年後の1950（昭和25）年10月に制定されている。N市では、職種の一つとして「司書職」が置かれているのだが、「職員の任用に関する規則」の職種区分表に明記されているように、この職種には、司書資格が要求されることとなっている。

67

そして、同規則に記された「段階別職位表」等を参考に、図書館の専門的業務に携わる各種職員の職階を示すと表5.1のようになる。

　他の自治体では、中央図書館長を課長級に、そして分館を係長級に位置づけている場合が多く、その点で、N市は、司書職を他の自治体よりも相対的に高く位置づけているということになる。また、表5.1は、主として司書職に関する表を参考に作成したものであるが、この表の備考2には、「係長以上の段階に属する職は、図書館法（昭和25年法律118号）に定める司書の資格をもつものに限る」とも記されている。

　かつて、N市は、日本図書館協会図書館員の問題調査研究委員会により、「司書職制度を有する先進的自治体」の一つに選ばれた。すなわち、N「市図書館における司書職制度は、採用、昇任、役職者、人事異動等どの点をとっても、制度上、慣行上、確立して」いるというのである[1]。そうであるなら、司書職を相対的に高く位置づけ、役職者には司書資格を求めているという点でも、そして、1950（昭和25）年という早い時期に図書館条例を制定したという点でも、N市は、他の地方自治体（地方公共団体）よりも「先進的」であると評価することができる。

　ただし、N市の制度にも、問題がないというわけではない。例えば、同備考3には次のように記されている。

　　前項の規定にかかわらず、係長以上の段階に属する職（（前略）係長段階については奉仕係長の職に限る。）は、行政職にある職員をもってあてることができる。

　要するに、役職者には司書資格を求めているものの、それは必須のことではなく、例外も認めているということなのである。また、かつては、中央図書館長が司書職の最高位として位置づけられていたのだが、現在では、原則として

---

1) 日本図書館協会編『公立図書館職員の司書職制度：調査報告書』日本図書館協会，1985，87p. 引用箇所は，順に p.13, p.33.

表5.1　N市図書館における専門的職員の職階

| 部長（行政職） | 課長（司書職） | | 係長（司書職） | | | 係員 |
|---|---|---|---|---|---|---|
| 中央図書館　館長 | 中央図書館 | 副館長 | | | | 司書 |
| | 〃 | 整理課長 | 中央図書館 | 整理課 | 収書整理係長 | |
| | | | 〃 | 〃 | 情報システム係長 | |
| | 〃 | 奉仕課長 | 〃 | 奉仕課 | 奉仕第一係長 | |
| | | | 〃 | 〃 | 奉仕第二係長 | |
| | 分館 | 館長 | 分館 | | 奉仕係長 | |

（注）N市職員の任用に関する規則等を参考に作成。

行政職が担うことになっている。現状において、司書職にある職員が中央図書館長に任命されるのは、「必要がある場合」のみとなっているのである。ちなみに、N市の場合、一般行政職と同様、係長に昇任するためには試験（筆記及び口述）を受験しなければならない。その試験に合格しないと司書は昇任できないシステムになっている。

　それだけではない。かつては「司書職制度を有する先進的自治体」であると評されたN市の図書館でさえ、2009年度より、分館に対してカウンター業務の一部民間委託が次々と導入されていった。加えて、2013年度からは、分館のうち1館に、指定管理者制度が試験的に導入されることとなっている。すなわち、今日、図書館職員をめぐる状況は、司書資格を有する正規職員が、図書館の専門的業務を担うという理念から、遠ざかりつつあるのである。

## 2　司書という呼称

　図書館法には、「図書館に置かれる専門的職員を司書及び司書補と称する」と記されている。図書館法に準拠すれば、「司書」とは、同法が規定する「図書館に置かれる専門的職員」を指す呼称であり、「司書の職務を助ける」のが司書補である。すなわち、図書館法上の「司書」とは、地方公共団体が設置する公立図書館と、日本赤十字社又は一般社団法人若しくは一般財団法人の設置する私立図書館に置かれる専門的職員のみを対象とした呼称である。

　しかし、図書館法は、同法が直接対象としていない種類の図書館の専門的職

員を司書と称することに制限を加えているわけではない。同法制定時の附則には、すでに図書館で司書に相当する職務に従事している職員に対して暫定的に司書資格を与えると明記されていたが、その図書館のなかには、国立国会図書館や大学の附属図書館までもが含まれていた。そして、今日においても、それらの図書館では、図書館の専門的職員を指す言葉として、しばしば、司書という職名や呼称が用いられている。採用の際に、司書資格が要求されることもある。

　国立国会図書館法のなかに「司書」という言葉は存在しない。また、同館の職員として採用されるにあたり、司書資格の有無が問われることもない。しかし、国立国会図書館法10条には、同館の職員を、「国会職員法の規定により館長が、これを任命する」と記されている。そして、国会職員法１条には、「国立国会図書館の（中略）司書（後略）」という文言をみつけることができる。ということは、国立国会図書館の職員に対しては、図書館法が規定する司書ではないものの、「司書」という官職が法的根拠を伴ったものとして用いられており、しかも、ここでいう「司書」と、司書資格の有無とは無関係ということになる。

　学校図書館に関しては、学校図書館法に規定された専門的職務を担う司書教諭が存在する。また、学校図書館業務に従事するその他の職員は、一般に、学校司書と総称される。学校司書とは、法的な根拠をもつ呼称ではなく、また、学校司書に相当する職員は、現実には様々な身分（例：実習助手・事務職員など）で雇用されている。勤務態様や待遇も様々である。現実の学校司書の求人においては、しばしば資格が要求され、その資格は、学校図書館法が規定する司書教諭ではなく、図書館法が規定する司書資格である場合が多く、教員資格をもつ人もいる。

　最後に、大学図書館は、学校図書館法が対象とする図書館ではない。また、大学図書館は、図書館法が規定する図書館にも含まれない。それでも、私立大学等においては、従来、司書資格保有者のなかから図書館職員を採用することも多く、また、図書館職員に対して、司書という職名が用いられている場合も

少なくない。あるいは、国公立大学でも、図書館職員が、正式な職名はともかく、自らを司書と称している例もしばしばみられる。そして、2011年5月の調査では、大学図書館職員のうち、54.2%が司書資格を保有しているとの結果が報告されている[2]。さらには、後述するように、この保有率は、本来この資格を保有すべき公立図書館の専任職員のそれを、わずかながらも上回っている。大学設置基準38条には、「図書館には、その機能を十分に発揮させるために必要な専門的職員その他の専任の職員を置くものとする」と規定されており、そこには司書という用語は使われていない。

以上のように、たとえ図書館法が対象としていない図書館であっても、その専門的職員は、現実には、司書という呼称ないしは資格と無関係ではいられない。塩見昇の言葉を借りれば、「他館種の専門職員についてもその基礎的資格を示すゆるやかな合意として、『司書』が認知されている」[3]というのが現実である。だが、その一方で、図書館法に規定される図書館で、その職員として採用されるにあたっては、必ずしも、この「基礎的資格」を要求されるわけでもないという現状が存在する。次節では、司書資格の問題に焦点をあてて考えてみることにしよう。

## ③ 司書資格

司書資格は、図書館法が規定する国家資格である。そのため、この資格を取得するためには、「大学において（中略）図書館に関する科目を履修し」、かつ大学を卒業する等、同法が定める諸要件を満たさなければならない。ただし、留意すべきは、この資格は任用資格であり、そのまま司書としての職務を保証するものではないということである。図書館法5条に明記されているように、それは、あくまでも「司書となる資格」であり、この資格を取得した者が、そ

---

2) 文部科学省『平成23年度学術情報基盤実態調査』。
3) 塩見昇「司書・司書補とその養成」『図書館法と現代の図書館』塩見昇, 山口源治郎編, 日本図書館協会, 2001, 385p. 引用はp.129.

のまま司書になれるというわけではない。前節でも述べたように、司書とは、図書館法が規定する「図書館に置かれる専門的職員」、具体的には、公立図書館等に置かれる専門的職員を指す呼称である。そして、「司書となる資格」を有していることは、その専門的職員となるうえでの必要条件として捉えられるべきものなのである。

　ただし、図書館法は、公立図書館に司書や司書補を置くことを義務づけているわけでもない。たしかに、同法13条には、「公立図書館に館長並びに当該図書館を設置する地方公共団体の教育委員会が必要と認める専門的職員、事務職員及び技術職員を置く」と規定されている。そして、日本図書館協会から刊行された図書館法の解説書は、ここでいう「専門的職員」とは、図書館法の規定する司書及び司書補のことであると断言している。だが、同書も指摘するように、現実には、この「専門的職員」と司書及び司書補とは必ずしも同一ではないとの解釈がなされている事例も存在する。また、図書館法の条項を注意深く読めば明らかなように、そこには、その「専門的職員、事務職員及び技術職員を置く」としか書かれておらず、「置かなければならない」と書かれているわけではない。

　2011年版『日本の図書館』によれば、2011年4月1日現在、公立図書館の専任職員は、計1万1,678人で、そのうち司書ないし司書補の資格を有する人は、6,023人のみとなっている。この人数は、公立図書館の専任職員総数の約51.6％に相当し、約48.4％の人が、司書資格をもたないまま、公立図書館の専任職員という職に就いているということになる。

　司書資格の取得者が、毎年1万人以上も輩出されているにもかかわらず、実際に図書館に就職できる人は100人にも満たないとの現状も指摘されている。のみならず、資格を採用の要件として募集し、かつ司書として発令している例は、さらにその半分にも満たないとのことである。また、2004年の国立教育政策研究所による調査報告書よれば、司書ないし司書補の発令制度があるのは都道府県で6割を超えているものの、3分の2の市区町村には未だに発令制度がない状況がみられたとのことである。いずれにせよ、日本では司書資格の形骸

化が既成事実として横行しているのが実情なのである。そして、日本では、どの館種の図書館も、司書職制度が確立しているとは言い難い状況に置かれている。だからこそ、日本の図書館界は、司書職制度を確立すべく、長年にわたる運動を続けてきたのである。

## ④ 専門職としての司書職制度

　司書の職務や地位に関する問題は、専門性や専門職の問題として論じられることが多かった。司書には他の職種とは異なる独自の専門性が存在するため、専門職としての司書職制度が必要だというわけである。この種の議論の背景には、明らかに、待遇や労働条件に関する問題が存在する。そして、戦後の一時期まで、司書の問題は、専門職の問題ではなく、単純に待遇問題として論じられていた。例えば、日本図書館協会は、1948年に「特別委員会：職員の待遇に関する委員会」を、翌年2月に「待遇改善委員会」を発足させている。その後も、司書職制度を確立するための議論は、実際には、ほとんどが司書の待遇問題を念頭に論じられている。だが、次第に、この種の議論が、専門職の問題として論じられるようになり、それに伴い、図書館界では、司書職制度の問題を、待遇問題に直結させて論じるべきではないとの認識が共通のものとなっていったのである。

　この共通認識が生じた事情については、歴史的経緯の概観等を通じ、ある程度まで理解することが可能である。図書館法が成立し、司書が「図書館に置かれる専門的職員」であることが明記されると、館界では、これを機に司書の待遇改善を進めようとの気運が高まった。だが、この機会を生かして具体的な成果を実現するには、説得力ある根拠が必要だと考えられるようになっていく。図書館業務には、高度で独自の知識や技能が不可欠なこと、換言すれば、司書には専門性があるということを、司書職制度が必要な根拠として対外的にも示さなければならないというわけである。要するに、館界では、待遇改善をいうにせよ、司書職制度の確立をいうにせよ、それ以前にそれとは独立した固有の

問題として、司書の専門性を明らかにすべきであるとの意見が主流となっていったのである。

　公共図書館界で、司書がもつ明確な専門性を明示すべきだとの意見が目立ちはじめるのは、1960年代半ば頃からのことである。だが、明示すべき内容は、自明ではなかった。そこで、1970年代前半には、図書館員の問題調査研究委員会による活動を中心に、司書の専門性を明らかにするための議論が本格的に展開されるようになった。これと並行して、司書は専門職とみなされるべき存在だとの見解も数多く発表された。また、こうした議論が展開されていくなかで、専門職なるものの要件や特徴を検討するための議論も次々と発表されるようになっていった。

　一方、これらの動きに先立ち、社会学等の分野では、専門職に関する理論研究が盛んになっていた。この状況下、とりわけ米国の図書館界では、社会学的な専門職論を導入した議論がいくつも展開されていた。専門職化を目指す立場として、専門職なるものの要件や特徴について基礎的な考察を重ねてきた社会学の理論を検討し、それを応用しようというわけである。そして、その影響を受け、日本の図書館界でも、司書職の抱える諸問題は、社会学的な専門職論を念頭に論じられるようになった。すなわち、専門性を追求するための議論は、結果的に、図書館職員の抱える諸問題のなかに社会学的な専門職論を持ち込むことになったのである。

　だが、社会学的な専門職論を検討することで、司書が専門職化することはなかった。専門職論の検討により、一般論としての専門職なる概念や特性を理解することはできても、それだけで個別の解決策が得られることはなかった。つまり、司書は、社会学的な専門職の規定にしたがえば、専門職に近いものの専門職ではない準専門職的存在であるとの現状が追認されるのみであって、だからといって、専門職化への指針が得られたわけではなかった。そもそも、当時の図書館関係者が目指していた専門職としての司書職制度のあり方は、社会学的な専門職の特性を、そのまま応用できるようなものではなかったのである。

　ともあれ、図書館員の問題調査研究委員会は、発足4年目に相当する1974年

3月に、「図書館員の専門性とは何か」についての最終報告を発表した。それは、(1)利用者を知ること、(2)資料を知ること、(3)利用者と資料を結びつけること、の3項目から構成されるものである。ただし、この最終報告が出された後も、司書の専門性を明らかにするための議論が収まることはなかった。最終報告が館界に広まらなかった、あるいは無視されたというのではない。それどころか、最終報告が出された後に発表された、司書の専門性を扱う議論では、ほとんどのものが同報告について触れている。だが、この報告に対しては、発表当時より多くの批判がよせられ、そのため、同委員会は、改訂版を出すことさえ検討したのだという。また、1990年代半ばには、「『第4の要件』として、図書館経営能力を掲げる方向で検討を行った」[4]とのことである。いずれにせよ、最終報告が示した専門性は、司書職制度確立の根拠とはなり得なかったということなのである。

　ところで、図書館関係者が目指してきた、専門職としての司書職制度とは、いかなるものなのだろうか。この問題を考えるにあたっては、1980年代半ばに図書館員の問題調査研究委員会が提示した、公立図書館に専門職制度を成立させるための要件が参考になるだろう。すなわち、それらは、(1)自治体ごとに司書有資格者の採用制度が確立されていること、(2)本人の意思を無視した他職種への配転が行われないこと、(3)（前略）司書独自の昇進の道が開かれていること、(4)館長および他の司書業務の役職者も原則として司書有資格者であること、(5)（前略）研修制度が確立していること、(6)司書その他の職員の適正数配置の基準が設けられていること、の六つである。

　たしかに、これら六つの要件は、公立図書館の職員のみを対象に提示されたものである。しかし、「自治体」等の用語を適当なものに置き換えれば、公立のみならず他館種の図書館員全般に当てはめることも可能である。実際、1986年に久保輝巳は、上記6要件に関して、「もっと範囲を広げて、大学図書館などをふくむ図書館一般の司書職制度として考え」るため、「全館種の図書館に

---

4) 鈴木正紀「図書館員の専門性」『図書館ハンドブック　第6版』日本図書館協会図書館ハンドブック編集委員会編, 日本図書館協会, 2005, 642p. 引用はp.355.

共通する司書職制度の要件として」、新たに六つの要件を挙げている。そして、それらの要件は、公立図書館を念頭において提示された上記6要件と酷似しているのである。

　さらに、その後、図書館政策特別委員会も、図書館を設置する自治体は、司書ないし司書補を専門職種として制度化すべきであると主張し、その具体的内容として、上記6要件の前半部と類似したものを提示した。すなわち、それらは、「司書（司書補）資格をもつ者を、公開公募の試験によって採用する」こと、「専門職員は、本人の希望または同意によるほかは、他職種へ異動されない」こと、「専門職員には、昇任の機会が適正に与えられる」ことの3点である。そして、ここに掲げたような専門職制度が必要であり、司書資格は、専門職としての最低の条件を示したものであると訴えたのである[5]。しかしながら、今日に至るまで、上記6ないし3要件を満たした制度が整っている自治体は、一部に限られている。それどころか、多くの公立図書館では、ますますこの理念から遠ざかっているというのが現状なのである。

**参考文献**

山重壮一「公立図書館の設置・職員」『図書館法と現代の図書館』塩見昇，山口源治郎編，日本図書館協会，2001，pp.143-153，385p.

国立教育政策研究所社会教育実践研究センター編『図書館及び図書館司書の実態に関する調査研究報告書：日本の図書館はどこまで「望ましい基準」に近づいたか』国立教育政策研究所社会教育実践研究センター，2004，126p.

薬師院はるみ（2000，2001）「司書をめぐる専門職論の再検討（1）（2）」『図書館界』Vol.52，pp.190-202，pp.250-264．

久保輝巳『図書館司書という仕事』ぺりかん社，1986，250p.

---

5) 日本図書館協会図書館政策特別委員会編『公立図書館の任務と目標：解説（改訂版）』日本図書館協会，2004，107p. 引用箇所は、全て p.63．

| 第6章 | 図書館職員と専門性 |

　おそらく、もっともわかりやすい図書館職員像とは、司書の資格をもち、図書館の正規職員として採用され、図書館の専門的業務に携わっているというものであろう。たしかに、このようなあり方は、理念的にはもっとも典型的な図書館職員の姿であるに違いない。しかし、現実には、図書館の正規職員であっても、それらの職員すべてが、図書館の専門的業務に携わっているとは限らない。一方、司書の資格をもって図書館の専門的業務に携わっている人が、必ずしも正規職員であるとも限らない。のみならず、図書館で雇用されているとも限らない。あるいは、正規職員で、かつ図書館の専門的業務に携わっている図書館員であるとしても、それらの人々が、すべて司書の資格をもっているとは限らない。

　以上のように、今日、日本の図書館業務に携わっている人をめぐる実態は、大変複雑なものとなっている。様々な立場の人が、それぞれ問題を抱えながら、図書館業務に携わっているのである。そこで、本章では、図書館業務に携わっている人の問題を、主として専門性や専門職という視点を軸に、その立場ごとに取り上げて考えてみることにしよう。

## 1　正規職員

　いうまでもなく、図書館職員とは、図書館で、その職務に従事している人のことである。図書館職員のなかには、図書館で雇用された職員と、そうではない職員とが存在する。また、図書館で雇用された職員のなかにも、正規職員と、非正規の職員とが存在する。ただし、ほとんどすべての図書館は、一つの経営

組織体として自律しているわけではなく、何らかの親組織により設置されている。したがって、図書館で雇用された職員も、より正確には、図書館に直接雇用されているのではなく、当該図書館の親組織により雇用され、そのうえで、図書館に配属された職員ということになるのである。

　そのため、それらの職員のうち、専門的業務に携わっている職員も、専門職の論理のみならず、組織の論理にも準拠せざるを得ないということになるのだが、この傾向は、どちらかといえば、非正規職員よりも、正規職員の方に、より強く当てはまる。本節では、主としてこの問題について考えてみることにしよう。

　はじめに確認しておくと、図書館に雇用された職員は、身分という点に限れば、図書館の職員というよりも、図書館の設置母体の職員なのである。たとえば、公立図書館の職員なら地方公務員である。大学図書館の職員の場合は、その大学が法人化されていれば、その法人の職員ということになるわけである。そのことは、当該図書館職員が、司書として発令されている場合でも変わらない。この事実を直視し、薬袋秀樹も、「公立図書館司書の自己改革のための10ケ条」を発表するなかで次のように提言している。

　　　司書として採用された職員も、図書館に採用されたのではなく、自治体に採用されたのである。司書である前に、よき自治体職員でなければならない。よき自治体職員になることによって、よりよき図書館職員になれるはずである[1]。

　常識的に判断しても、雇用された組織のよき職員であろうとすることは、まっとうで当然な態度であるといえるだろう。また、この提言を他館種全般にも応用すれば、図書館職員である前に、設置母体組織のよき職員でなければならないということになるであろう。だが、どちらが前か後かはともかくとして、

---

1) 薬袋秀樹『公立図書館司書の自己改革のための10ケ条：新入職員のために』図書館情報大学薬袋研究室，1995, 30p. 引用は p.4.

司書に代表される図書館職員は、設置母体組織の職員であると同時に、図書館の専門的職員であることも、また事実である。そして、組織の論理と専門職の論理とは、しばしば相反するものとしてみなされてきたのである。

　1985年に、日本図書館協会・図書館員の問題調査研究委員会は、公立図書館に専門職制度を成立させるための要件を提示した。すなわち、各自治体において、これだけのことが人事行政上の措置として保障されることによって、はじめて司書職制度は社会的に認知された専門職制度として確立することになるというのである。だが、それらの要件の提示がなされてから四半世紀以上が経過した今日においてさえ、それらは、どれ一つとして、保障された状況にあるとは言い難い。そして、この事態は、自治体設置によらない図書館、すなわち、公立図書館以外の館種でも変わらない。たとえば、人員配置に関しては、はじめから図書館員として別枠で採用される仕組みが整っている団体や組織は限られており、いずれの館種においても、図書館職員になるにあたっては、一般の行政や事務等の職員として採用され、そのうえで図書館に配属される場合が多い。たとえ図書館に配属されたとしても、その後、図書館以外の部署へと配置転換がなされることもある。そして、その配置転換は、必ずしも本人の希望によるものであるとは限らない。

　要するに、多くの図書館では、図書館職員、とりわけ図書館の正規職員を、専門職の論理ではなく、組織の論理にしたがって処遇してきたということになろう。公務員組織をはじめ、日本の多くの組織において、配置転換は、ゼネラリストを育成すると同時に、組織の活性化を図ったり、新陳代謝を促したりする手段として、通常に実施されている。しかしながら、組織におけるゼネラリストを育成するうえでの常道は、専門職制度の確立を阻害する一因ともなっている。のみならず、図書館を取り巻く社会的状況までもが、図書館における専門職制度、少なくともかつて想定されていたようなかたちでの専門職制度の確立を、ますます困難にする方向へと動いていったのである。

## 2 非常勤職員

　現在、日本の図書館は、いわゆる非正規の職員にも大きく依存するかたちで運営されることが多くなっている。なかには、館長も含め、非正規職員のみで運営されている図書館もあるという。以下では、非正規職員の問題を、主として公立の図書館を例に考えてみることにしよう。その際、非正規職員という用語は、『最新図書館用語大辞典』（柏書房、2004年）の用例にしたがい、「公務員として地方公務員法第17条に基づく正規の職員」ではない職員の総称として用いることとする。

　『日本の図書館　2011』を元に計算すると、2011年4月1日現在、公立図書館の職員は、合計3万6,643.8人存在する。ただし、それらのうち、64.6％は、非常勤、臨時、委託・派遣等、いわゆる非正規の職員である。なお、数字が自然数となっていないのは、それら非正規の職員に関しては、年間実働時間1,500時間を1人として換算されているためである。『図書館年鑑　2012』によれば、「日本の雇用労働者の3分の1を非正規・臨時・派遣職員が占め」ているとのことなので、図書館の場合、この割合は、日本の労働市場全体の割合を大きく超えている。同書が指摘するように、図書館は、「公共サービスを提供する場がワーキングプアを生み出している」「最も顕著な事業となっている」のである。

　まずは、非常勤職員に代表される、地方公共団体雇用の非正規職員の問題から取り上げよう。再び『日本の図書館　2011』を元に計算すると、公立図書館における非常勤職員は8,240人、そして、臨時職員は7,446人であった。非常勤職員と臨時職員は、いずれも自治体雇用の非正規職員であり、両者の合計は、公立図書館における全職員数の約42.8％にも相当する。また、同様の計算を、『日本の図書館　2001』を元に行ってみると、その割合は約41.7％であった。なお、その前年は39.4％である。ということは、この10年間で、公立図書館の全職員のうち、自治体雇用の非正規職員が占める割合は、少しずつ増加してい

ることになる。しかし、この傾向は、決してこの10年だけに限ったことではない。遅くとも1980年代以降より、図書館界では、図書館業務の増大に対して、非常勤や臨時職員を採用することで対応する傾向がみられることが指摘されていたのである。

　ここで、法的根拠等の確認をしておこう。非常勤職員と臨時職員の法的根拠はいずれもあいまいである。それでも非常勤職員は、地方公務員法3条3項3号等により採用されることが多く、また、臨時職員は、同法22条の2項や5項等により採用されることが多い。すなわち、これらの職員は、常勤雇用の職員と区別するため、「非正規」職員として分類されることが通常となっているのだが、実際には、当該地方公共団体により、「正規」に任命された特別職の地方公務員なのである。

　文字通りに解釈すれば、非常勤職員とは、常時勤務することを要しない職員のことであり、また、臨時職員とは、期間を定めて臨時に雇用される職員ということになる。雇用期間は単年度契約が通例となっており、その契約を超えて勤務し続けるためには、契約更新の手続きをとらなければならない。そのため、本人の意思に反して、3年から5年程度で、いわゆる「雇い止め」、すなわち実質解雇が実施される例もあり、大きな問題となっている。

　その一方で、契約更新が繰り返された結果、長期間にわたって図書館で働き続けている非常勤職員も存在する。いくつかの自治体では、司書有資格者であることを条件に採用され、正規職員とほとんどかわらない専門的な業務に携わる非常勤職員の制度まで導入されている。いわゆる専門非常勤制度である。

　この制度に関して、常に指摘されてきたのは、第一に、待遇の問題についてであろう。非常勤職員と常勤職員とのあいだには、賃金や各種手当等、その待遇に明らかな格差が存在する。当然のことながら、この格差の存在は、同一労働同一賃金、あるいは、同一価値同一報酬の原則に照らした場合、大いに問題視されるべきものである。しかしながら、格差を縮める手段として、低い方の水準を上げるのではなく、高い方の水準を下げるべきであるとの考え方も存在し、そのことが、この問題の解決をより一層困難にする一因ともなっている。

一方、先述のように、非常勤職員に対しては、契約更新が繰り返されることもあり、その結果、比較的長期にわたり図書館に勤務し続けることもある。また、任用期間が限られている場合でも、その職員、とりわけ専門非常勤職員は、図書館という職場を選択し続け、複数の図書館を渡り歩く傾向にある。そして、この場合、当該職員は、館種や自治体を越えた専門性を身につけることとなり、また、その職員を通じて、人事交流が進む可能性も指摘されているのである。こうした事態は、多くの正規職員が置かれている状況とは対照的なものとなっている。というのも、正規職員に関しては、有資格者率も決して高いとは言い難く、加えて、数年単位で異動が繰り返されていることも少なくないからである。そのため、専門非常勤は、図書館の専門職化を進める存在としてみなされることさえある。たとえば、小形亮は次のように述べている。

　　非常勤化はそんなに悪いことだと言えるのだろうか。ほとんどの区で専門職採用（図書館以外への異動はない）である以上、雇用止めがない限り、図書館の専門職化は進むことになる。（中略）常勤の専門職制度がなかなか到達し得ない高い目標であるにもかかわらず、まるで裏口から忍び込むように非常勤によって、いつのまにか専門職化が進んでいく[2]。

　加えて、非常勤職員の報酬が低いということも、利点とみなされていることがある。とりわけ、専門非常勤制度を導入すれば、より低いコストで、より価値の高い労働力を確保できるということになる。専門性の高い人材を、専門職として処遇することなく、市場の論理のみにしたがって提供できるというわけである。だが、それは、いわゆる専門性と待遇との完全な逆転現象が生じているということに他ならない。「裏口から忍び込むように非常勤によって（中略）専門職化が進ん」だとみなされていることが事実なのだとしても、それはあくまでも、職員の「専門性」が高まったにすぎず、決して「専門職化が進んで

2) 小形亮「常勤職員は図書館に存在し続けられるのだろうか」『ず・ぼん』No.7, 2001.8, p.16-27. 引用はp.23.

い」ったわけでなないのである。ところが、その後、図書館の世界では、全国的に委託や民営化が次々と導入されていくこととなり、その流れのなかで、場合によっては、非常勤職員が、委託職員と置き換えられるという事態までみられることになったのである。次節では、この問題について取り上げよう。

## ③ 業務委託による職員

　前節と同様に、『日本の図書館　2011』を元に計算してみると、2011年4月1日現在、公立図書館における委託や派遣による職員の割合は、全職員数の約21.8％となっている。いうまでもなく、それらの職員は、地方公務員法に規定される職員ではない。そして、公立図書館の親組織である地方公共団体によって直接雇用されているわけでもない。両者は時に、同列ないし混同して語られていることもあるのだが、明確に区別されるものである。ただし、この種の職員のうち、実際に図書館に導入されたのは、ほとんどの場合、派遣ではなく、委託による職員の方である。

　派遣と委託を区別する基準のなかでも、とりわけ問題となるのは、指揮命令権についてであろう。派遣職員は、労働者派遣法（正式名称は、『労働者派遣事業の適正な運営の確保及び派遣労働者の保護等に関する法律』）に適用される派遣労働者であり、同法2条1項が規定するように、派遣先の図書館で自治体職員の指揮命令を受けることが可能である。それに対して、委託職員は、図書館から委託を受けた請負業者の従業員であり、図書館関係者は「委託職員」等と呼ぶ傾向にあるのだが、一般には請負労働者と呼ばれることの方が多い。そして、職業安定法施行規則4条が規定するように、請負労働者は、請負業者からしか指揮命令を受けることができないことになっている。

　つまり、『日本の図書館』等で、「委託・派遣」に分類されている職員のうち、図書館の主流となった請負労働者が、自治体職員の指揮命令下で図書館業務に従事することは禁じられているのである。しかしながら、たとえば図書館の窓口業務を委託した場合等において、この規制を厳格に遵守しようとすれば、円

滑な図書館運営に支障をきたすことにもなりかねない。そもそも、高度かつ一体的な、そして、適切なサービスを常時提供しようとした場合、特定の業務とそれ以外の業務とが完全に分断されること等ありえない。請負労働者を図書館に導入するにあたり、しばしば問題となるのは、第一にこの点についてであろう。そのため、図書館での請負業務は、時に、労働者派遣法による規制を逃れるための偽装請負となる可能性があるとして糾弾されていることさえある。

　また、図書館業務を委託すること、なかでも、窓口業務に代表される直接的な利用者サービスを請負労働者に任せることは、利用者のプライバシー保護という観点からも問題があるとされている。事実、2002年には、東京都江東区の区立図書館において、この種の職員が、利用者の予約情報を悪用した事件が発生した。そして、翌2003年には、箕面市図書館協議会による「図書館業務の委託のあり方について」の答申でも、その事件のことが取り上げられている。この答申が指摘するように、委託職員である請負労働者に対しては、地方公務員法34条に規定される守秘義務が適用されないこととなっている。そのため、「すでに委託を実施している公立図書館の実態を踏まえるとき、とりわけ利用者に対する直接サービス業務が委託された場合、図書館サービスの質、サービス業務の円滑な運営、利用者のプライバシー保護などの点で、少なからず問題が生じることが危惧される」[3]というわけである。

　しかしながら、地方公務員法4条が規定するように、同法が適用されないという点のみに注目すれば、特別職である非常勤職員も同じである。また、主な目的の一つに人件費の節約を掲げているという点においても、両者は共通している。それでも、先述のような諸問題から、また後述するように、主として専門性の観点等から、委託職員よりは、非常勤職員の導入を選択すべきだと主張されることも多い。だが、現実には、委託や民営化の進行により、非常勤職員等、自治体雇用の非正規職員が職を奪われるという事態が生じるようになっている。

---

3) 箕面市図書館協議会「図書館業務の委託のあり方について（答申）」2003. 31p. 引用はp.21.

第 6 章　図書館職員と専門性

　ところで、『日本の図書館』の「公共図書館集計」に、「委託・派遣」という項目が加わったのは、2003年のことである。図書館業務を外部に委ねる動きが、それ以前にはなかったというのではない。清掃や警備、あるいは設備の保守管理等、図書館固有の業務とはいい難いものについては、従来より、外部の専門業者に委託される傾向にあった。しかし、遅くとも1970年代には、購入図書の装備や書誌データの作成等を中心に、図書館固有の業務までもが、外部に委託されるようになっていく。また、1986年1月の日本図書館協会による報告書にも、整理業務や奉仕業務等、司書の専門的業務を委託する館が増加しつつあることが記録されている。

　こうした事態に対し、1986年3月には、当時の海部俊樹文部大臣が、衆議院予算委員会において、「公立図書館の基幹的な業務は民間委託になじまない」との見解を示した。すなわち、「清掃とか警備とか保守とかいうようなことの民間委託の問題は別といたしまして、やはり図書館法の規定から見ても公立図書館の基幹的な業務については、これは民間の委託にはなじまない」というわけである。そして、この見解を支持した図書館関係者たちも、事あるごとに、この答弁を引き合いに出してきたのである。

　しかし、現実には、図書館固有の業務を外部に委託しようとする傾向は、その後もますます強まっていく。実際、1980年代後半には、福岡県太宰府市民図書館においていわゆる「委託司書」が導入され、1990年代に入ると、同じく福岡県の筑紫野市民図書館でも、民間会社との請負契約による委託職員が導入されたことが報告されている。さらに、2000年代になると、東京23区でも、人件費削減の目的で、利用者対応の窓口となるカウンター業務を中心とした委託が、次々と導入されていくこととなる。

　例えば、「図書館とメディア」を扱う雑誌『ず・ぼん』は、2004年4月号より、3号連続でこの問題を取り上げているのだが、それらによれば、2003年5月現在には、東京23区の内9区がカウンター業務を委託し、翌年にはそれが11区に増加したとのことである。開館時間の延長等、業務量が大幅に増加しているにもかかわらず、人件費の削減が必須のものとして迫られていくなかで、委

託が次々と導入されていったのである。

　この状況を踏まえ、『ず・ぼん』の特集記事のなかでは、委託をさせないために非常勤職員の導入を実施する提案まで掲載されている。というのも、第一に、地方自治体に直接雇用される非常勤職員に対しては、常勤職員が直接に常時指示を行うことができるため、一体的な業務が可能となるからである。また、非常勤職員に関しては、図書館が直接人材を募集できるため、資格や能力等、より職務に適した優秀な人材を確保することができ、加えて、経験を積み重ねることで技量の向上を図ることも可能である。司書職制度が未確立の自治体において、専門非常勤が、図書館の専門性を高める存在としてみなされてきた事については、前節でも述べた通りであろう。

　だが、地方公共団体によっては、専門性よりも費用対効果の方に、より重点が置かれることも多かった。人件費の削減という視点に立てば、非常勤職員よりも業務委託の方がより効果的だというわけである。ただし、この点に関しては、実際のデータを元に、その信憑性に異議を唱える見解も発表されている。いずれにせよ、ここで、問題にされているのは、専門性の確保ではなく、市場の論理に他ならない。ところが、次節で取り上げるように、2003年には、指定管理者制度が法制化されることになる。図書館業務の一部を委託するのではなく、図書館の管理権限をも外部に委任する事が可能となったのである。

## ④　管理委託制度から指定管理者制度へ

　いうまでもなく、図書館職員は、個人事業主でもなければ、自営業者でもない。それは、ある制度的な枠組みのなかで雇用される賃金労働者なのである。したがって、図書館職員について論じるにあたっては、まず、その雇用を規定する制度的な枠組を理解しておく必要がある。本節の目的は、管理委託制度や指定管理者制度、とりわけ後者の下で図書館の職員となった人々の問題を、専門性という観点から考えてみることである。ただし、その前に、これらの制度と公立図書館とをめぐって展開された動きを概観しておくことにしよう。

2003（平成15）年の地方自治法改正により、公の施設に、指定管理者制度を導入する事が可能となった。図書館を含む公の施設に関しては、それまでの管理委託制度に替えて、指定管理者制度が適用されることとなったのである。まずは、両制度の違いについて、いくつか確認しておこう。改正前の地方自治法244条の2第3項に規定されていたように、管理委託制度では、その管理の委託先は、「普通地方公共団体が出資している法人で政令で定めるもの又は公共団体若しくは公共的団体」に限られていた。また、施設の管理権限及び責任は、設置者である自治体が有したままであり、委託に際して議会の議決は不要であった。それに対して、指定管理者制度とは、「指定」という行政処分に基づいて、公の施設に関する管理権限をも指定管理者に「委任」するものであり、その委任先の指定にあたっては、議会の議決が必要となる。そして、改正後の上記同条項に規定されているように、「法人その他の団体」であれば、つまり、個人でさえなければ、NPO法人や民間企業に対しても、「公の施設の管理を行わせることができる」ようになったのである。

　改正前後の上記条項に明記されているように、これらの制度を適用できるのは、「公の施設の設置の目的を効果的に達成するため必要があると認めるとき」に限られる。つまり、この点に関しては、管理委託制度であろうと、指定管理者制度であろうと、いずれの場合でも変わらない。だが、図書館関係者のなかには、これらの制度のもとで図書館の目的が効果的に達成される可能性に対して、極めて懐疑的な見解を示す者も多かった。日本図書館協会も、公立図書館の管理運営に対して、指定管理者制度の適用はなじまないとの考えを繰り返して表明した。

　図書館の管理を外部に委ねる動きは、遅くとも1970年代にはみられたことが報告されている。すなわち、1970年代には、コミュニティー・センター等と呼ばれる地域施設内に首長部局所管の図書室が設置され、その管理運営が住民組織等に委託されているのである。それらの施設は、図書館法に基づかない、いわば図書館類似施設ではあるのだが、個々の事務事業に対する外部委託ではなく、その施設全体の管理運営が外部に委託されていた。ただし、山口源治郎に

よれば、当時の図書館界が、それらの施設を、図書館の管理委託という側面から大きく問題視することはなかったのだという。というのも、「それらは、公立図書館の"周辺部"に図書館同種施設として作られたものであり、あてがいぶちな"図書館もどき"として問題視されることはあったが、管理委託という面については、公立図書館システムの本体にまで波及するとは当時十分予測されていなかった」[4]のだというわけである。

しかし、1980年代に入ると、施設全体の管理運営委託という問題が、「公立図書館システムの本体にまで波及」していくことになる。というのも、1981年に京都市立中央図書館の管理が同市社会教育振興財団に委託されたのを皮きりに、広島市、和光市、長野市、東京都足立区などで、公立図書館の管理運営を公社や財団など図書館外部に委託しようとする動きが相次いだからである。1982年の自治省調査によれば、特別区も含む都市では中央図書館1館と地区図書館40館が、また、町村では、順に6館、65館が、その運営の全部を外部に委託していたとのことである。すなわち、この時代において、図書館の運営を、財団・公社等に委託しようとの動きは、すでに一つの潮流となっていた。

ただし、少なくともこの時代において、図書館関係者たちは、その潮流に乗ろうとしていたわけではない。それどころか、たとえば、京都市、長野市、そして東京都足立区における図書館の委託に関しては、住民をも含めた反対運動が展開されている。なかでも、行政改革の先進区として知られる足立区の図書館委託に関しては、作家の井上ひさし氏や児童文学者の石井桃子氏等の著名な文化人までもが参加するかたちでの反対運動が展開され、この問題は、国会でも取り上げられている。前節でも言及した、1986年3月の衆議院予算委員会でのことである。すなわち、共産党所属の佐藤祐弘代議士により、「足立区の区立の図書館の業務を公社委託しよう」との動きは、「図書館の専門性を無視し、サービス低下を招くものだということでやはり反対が上がっておる」ことが指摘されているのである。

---

4）山口源治郎「公立図書館における管理委託問題の系譜と今日的特徴」『図書館雑誌』Vol.87, 1993.10, p.742-744. 引用は p.743.

第6章　図書館職員と専門性

　だが、結果的に、それらの反対運動は、図書館の管理を外部に委ねようとする時代の潮流まで変えることはなかった。そして、この流れのなか、2003（平成15）年には、指定管理者制度が法制化することになるのである。この法制化を受け、翌2004年4月には、山梨県山中湖村において、日本ではじめての指定管理者制度による公立図書館「山中湖情報創造館」が誕生した。また、大阪府大東市も、この制度を積極的に活用すべく、図書館運営特区を申請した。この申請に対する回答の中で、2004年7月には、文部科学省より、「指定管理者に館長業務を含めた図書館の運営を全面的に行わせることができる」旨の公式見解が発表された。要するに、指定管理者に委託した図書館には、館長も専門的職員も、教育委員会が任命するかたちで置く必要はないというわけである。

　この公式見解に対しては、後に、図書館情報学研究者から厳しい批判がなされている。すなわち、それは「図書館法も地方教育行政の組織及び運営に関する法律もねじまげて、内閣府や総務省の圧力に屈し、自らの大義を曲げる解釈を行った」[5]というものである。だが、この公式見解は、現実には、一部の自治体において、図書館への指定管理者制度導入に弾みをつけることになった。たとえば、北九州市も、2005年4月より指定管理者制度による図書館運営を開始させているのだが、先述した前年7月の文部科学省による公式見解が、同市における図書館への指定管理者制度導入の検討や準備を具体的に進める一きっかけの一つとなっている。

　『図書館年鑑　2012』によれば、指定管理者制度に関しては、「全国の市町村で、2010年度までの導入が134団体、2011年度に導入予定が13団体、2012年度以降に導入予定が38団体となっている」。そして、『図書館年鑑2008』にも記されているように、「この時代、この制度とまったく無縁の自治体はきわめて稀であることも事実」なのである。

　ところで、先述の国会答弁のなかでも言及されていたように、図書館の管理委託制度に関しては、それによって、図書館の専門性が無視されることとなり、その結果、サービスの低下を招くとの理由で反対されることが多かった。とこ

5）西村一夫「公立図書館に明日はない？」『図書館界』Vol.56, 2006.11, p.213.

ろが、指定管理者制度の場合には、むしろ、この制度により図書館の専門性が高まり、サービスも向上すると主張されることがある。当該制度が、「公の施設の設置の目的を効果的に達成するため必要があると認めるとき」にのみ導入できるものであることは先述の通りであろう。そして、その「効果」の具体例として、しばしば挙げられるのが、司書率の増加と、開館日数及び時間の延長となっており、そのことが、上記主張の一根拠となっている。

　公務員組織のなかでは専門職としての司書職制度が成立しにくいという問題が、指定管理者制度の導入によって解消できると主張されていることもある。たとえば、『市場化の時代を生き抜く図書館』においても、この問題「を克服するための手法として1963（昭和38）年の地方自治法改正により管理委託制度が始まり、さらに2003（平成15）年の同法改正によってその欠点を補う指定管理者制度が導入された」と主張されているのである。

　同書に記されているように、「高度で多様な図書館サービスを高度なレベルで実行するには、最低限、一定数の経験豊かな司書の存在が不可欠である」。しかし、当然のことながら、そうした司書に対しては、「極めて高度な処遇が求められ」ることになる。ところが、同書の見解によれば、ゼネラリストを志向する日本の公務員組織における人事管理、すなわち、「わずか2、3年の周期で、数多くの職種・職域を経験することで昇進するというわが国現行の行政職公務員の人事管理と処遇の仕方を前提にすると、（中略）熟練・習熟度の高い専門能力や技能を持った人材の確保は制度的に極めて難しい」とのことである。そのため、「高度な専門能力を有する人たちを十分に処遇できる非公務員型の人事管理システムを持った組織が図書館業務を請け負うことが必要」だというのである[6]。

　たしかに、指定管理者は、公務員組織における人事管理上の慣習、すなわち、司書の専門職化を阻んでいるとみなされてきた慣習とも無縁である。また、この制度のもとで働く人々に対して、高度な専門性を求めることも、決して不可

---

6) 高山正也・南学監修（2007）『市場化の時代を生き抜く図書館：指定管理者制度による図書館経営とその評価』時事通信社，251p. 引用はp.21, p.9, p.9, p.10, p.14.

能ではないであろう。実際、山中湖村の図書館で指定管理者となったNPO法人の職員自らが公言するところによれば、それらの職員は皆、当初から一定の技術を身につけており、勤務時間外にもスキルアップに余念がないプロ集団であるとのことである。

　だが、少なくとも現状において、指定管理者制度は、そうしたプロ集団である高度な専門能力を有する人たちを十分に処遇できる非公務員型の人事管理システムとして機能しているだろうか。むしろ、この職員自身が述べているように、この制度は、行政当局から「経費削減の切り札」としてみなされる傾向にあり、実際に、行政側の公務員給与と指定管理者側の給与とはおのずと格差がでてくることも事実なのである。新聞記事によれば、「山中湖情報創造館では、NPO職員7人の平均年収は180万円。館長は無給。生活費が足りず、ファミリーレストランでアルバイトをする人もいる」[7]。まさに、同館の職員はワーキング・プアである。そして、図書館の正規職員が「2、3年の周期で」配置転換されるのが事実だとしても、指定管理者制度の下では、数年の周期で指定先の見直しが実施されることもまた事実なのである[8]。同じ団体が再指定される保障はまったくない。

　指定管理者制度は、公務員制度という組織の論理がもつ欠点を克服したわけでは決してない。そうではなく、公の組織で働く人間の価値までもが、商品世界の価格競争に巻き込まれ、費用対効果の側面を最大限に尊重するという市場原理に飲み込まれたにすぎない。少なくとも現状において、彼らは、たとえ「プロ集団」であるにしても、決して専門職としての待遇を受けているわけではないのである。

---

[7] 賀川智子「民営化が進む図書館：利用者軽視の公費削減」『毎日新聞』2006年6月7日付（朝刊）.
[8] 丸山高弘「指定管理者制度による日本初の公共図書館の誕生」『指定管理者制度：文化的公共性を支えるのは誰か』小林真理編，時事通信出版局，p.175-203，259p.

参考文献

日本図書館協会編『公立図書館職員の司書職制度：調査報告書』日本図書館協会，1985，87p.

日本図書館協会編『「図書館業務の（管理・運営）委託」に関する実態調査報告書』日本図書館協会，1986，87p.

ず・ぼん⑩編集委員会「図書館の委託（2）：委託の契約金額比較」『ず・ぼん』No.10，2004.12, p.58-61.

――■□コラム□■――

### 映画で学ぶ公務員・公共サービスのあるべき姿

　本書の読者のなかには、将来、地方公共団体が設置した、直営の公立図書館に公務員として勤務する方もいるであろう（あるいは、もうすでに現在公務員として図書館に勤務している方もいるかもしれない）。公務員に対する世間からの風当たりは今も昔も厳しい。公務員のあり方、公共サービスのあり方を考えるうえで、おすすめの映画を以下紹介する。

　私が本書の読者にまずおすすめしたいのが、黒澤明監督『生きる』（主演：志村喬）である。カラーではなく、モノクロ映画である。第二次世界大戦後の昭和20年代の日本がこの映画の舞台である。志村が演じる主人公は、ある市役所の課長である。主人公は、定年間近の「休まず、遅れず、仕事せず」の典型的な地方公務員。時計を見ながら（退屈な時間をつぶしながら）、書類に印鑑を押すだけの単調な仕事の日々をすごしている。しかし、そのような主人公の仕事観を癌という病が一変させた。30年間無欠勤の課長がある日突然無断欠勤をした。仕事のやりがいが全く感じられない公務員生活が嫌で依願退職し、民間企業に転職した元部下の若い女性と再会する。町工場で毎日生き生きと働く彼女は、ものづくりという仕事のやりがいを感じていた。彼女から、これから残りわずかの人生を悔いなく生きるためのヒントを得た。やがて、主人公は下水道工事と公園建設を陳情する住民の要求を真正面から受け止め、全身全霊で仕事をはじめた。余命わずかであることを知り、残された短い人生をいかに生きるべきか。彼は公園建設という公共事業を通して真剣に問い直した。中間管理職という立場の限界を乗り越え、硬直化した役所の論理と対峙しながら、やくざの脅迫に決して屈しない強い信念をもちつつ、住民からの切なる要求に対して真摯に応えた。東奔西走の末、公園建設を成就し、その公園のブランコで、死を迎えるラストシーンは感動的である。市役所における陳情活動において、市民課をスタートにし、数多くの部局をたらい回

しになった住民。そして「公務員の地位を守るためには何もしないこと」という劇中の言葉から、官僚組織の悪しき体質を知ることができる。保守的な官僚組織に埋没することなく、命がけで公共サービスに身をささげた主人公の姿は美しい。巨匠黒澤監督の名作の一つである。

　その他、近年の映画では、西谷弘監督『県庁の星』（主演：織田裕二・原作：桂望実）がある。この作品は、織田が演じる、県庁（撮影場所は香川県庁など）に勤務する熱血エリートの地方公務員が民間企業のスーパーマーケットに出向し、官民交流の研修を通して、民間によるサービスの良さ（例えば、顧客第一主義）を体感し、それを今後の公共サービスに生かしていく物語である。一方、民間側のスーパーマーケットに勤務する、織田に対する教育係（研修係）のスーパーの従業員も官の論理（例えば、法令遵守）を学ぶ。官と民の協働のあり方を考えるうえで、示唆に富む内容である。

　「公僕」といわれる公務員による公共サービスのあり方を考えるうえで、ここで紹介した二つの映画を是非視聴してほしい。

　最後に、2011年3月11日に発生した東日本大震災によって、住民の生命を守るために殉職された公務員の方々をわたしたちは決して忘れてはならない。

（安藤友張）

# 第7章　図書館の施設・設備

　ランガナタン（Ranganathan S. R.）が指摘したように、「図書館は成長する有機体（組織）である」。所蔵資料は増加し続け、公立図書館の利用者である市民は、年齢、職業、能力など属性において多様化している。それに伴い、情報、資料の形態や図書館サービスの内容、図書館への利用者のニーズも変容してきた。

　施設としての図書館には、利用者に対してより良いサービスを提供するため、柔軟に移築、増築、改築、室用途の転換など、工事を伴うスペースの変更を見越した運営が求められている。しかし、図書館の設置母体である地方公共団体や学校法人等は、財政状況の悪化などによって図書館の整備が思うように進まない。その一方で、図書館を含む公共施設において「ノーマライゼーション（normalization）」という考え方が徐々に導入されるようになってきた。

　「ノーマライゼーション」とは何か。それは、高齢者も若者も、健常者も障害者[1]も、人間として正常な生活を送るため、あらゆる人々が、共に暮らし、共に生きる社会こそがノーマル（正常）であるという、北欧における福祉運動の中で提唱された考えである。

　本章では、ノーマライゼーションの考えを踏まえつつ、図書館の施設・設備について述べてみたい。

---

[1]「障害者」という表記は、「障がい者」、「障碍者」などの表記が使用されることが多くなっている。「害」という字がもたらすマイナスイメージから、このように配慮がなされるようになった。このような昨今の事情を十分承知しているが、表記の問題にとらわれず、障害者を取り巻く社会環境やわたしたちの意識などに問題の本質があるという認識に基づき、「障害者」と表記する。以下の前田章夫による論考を参照。前田章夫「障害者サービスの『基礎の基礎』」『みんなの図書館』No.412, 2011.7, pp.15-23.

第 7 章　図書館の施設・設備

### ① 図書館建築

#### 1.1 　図書館とバリアフリー新法

　「高齢者、身体障害者等が円滑に利用できる特定建築物の建築の促進に関する法律」（平成 6 年 6 月29日）（通称「ハートビル法」）は、不特定多数の者が利用する特定建築物（図書館も含む）を建築する者に対し、障害者等が円滑に建築物を利用できる措置を講ずることを義務、あるいは努力義務として課す法律である。ハートビル（和製英語の heartful ＋英語の building）は造語である。なお、ハートビル法は「高齢者、身体障害者等の公共交通機関を利用した移動の円滑化の促進に関する法律」（平成12年 5 月17日）（通称「交通バリアフリー法」）と統合され、「高齢者、障害者等の移動等の円滑化の促進に関する法律」（平成18年 6 月21日）の施行に伴い廃止された。以下、本章では「高齢者、障害者等の移動等の円滑化の促進に関する法律」を「バリアフリー新法」と記す。

　バリアフリー新法は「どこでも、誰でも、自由に、使いやすく」というユニバーサルデザインの考えに基づいて立法され、対象も「身体障害者」から「障害者」（生活する上でハンディキャップを負う人すべて：心身障害者、妊産婦、乳幼児、外国人等）に拡大している。公立図書館は、ハートビル法、バリアフリー新法の対象となっている。

　4 条は、国の責務がうたわれており、「高齢者、障害者等、地方公共団体、施設設置管理者その他の関係者と協力して、基本方針及びこれに基づく施設設置管理者の講ずべき措置の内容その他の移動等円滑化の促進のための施策の内容について、移動等円滑化の進展の状況等を勘案しつつ、これらの者の意見を反映させるために必要な措置を講じた上で、適時に、かつ、適切な方法により検討を加え、その結果に基づいて必要な措置を講ずるよう努めなければならない」と定めている。

　5 条では、地方公共団体の責務がうたわれ、「地方公共団体は、国の施策に準じて、移動等円滑化を促進するために必要な措置を講ずるよう努めなければれ

ならない」という努力義務が課されている。

　高齢者、すなわち加齢による視覚や聴覚、運動機能等に不自由な市民を「中途障害者」とみなし、「健常者」から「障害者」への移行は誰にでも生じうるものであるという共通認識が市民全体に形成されつつある。しかし、図書館が多様な属性を有する人々が快適に利用し、ハンディキャップをもつ職員が働きやすい施設とするためには、法の運用によるきめ細かな配慮が必要である。たとえば、利用者の身長に合わせた記帳台を設置することにより、スムーズなサービスを提供できる。

### 1.2　立地

　実際に図書館の建築場所を決める際、立地は大きな要因となる。その敷地（形状、面積、方位、地質、道路との関係）、周辺の環境、その地域の自然環境や社会基盤、風土等固有の条件を有する。

　たとえば、北九州市立若松図書館（福岡県）や津山市立図書館（岡山県）のように、ショッピング・センター（スーパーマーケット等が入居）と同じ建物内に併設されている図書館の場合、買い物のついでに、図書館に寄ってみる利用者もいるであろう。しかし、図書館への来館者は「図書館利用を主目的にしてくる人が大部分であり、通りがかりや何かのついでに寄ってみたという人は意外に少ない」[2]という指摘がある。

　確かに、買い物などのついでに来館する機会は実際には少ないかもしれない。とはいえ、図書館は分かりやすく気軽に立ち寄れ、利便性が保障されている場所に設置されるのが望ましい。緑豊かで静かな環境ではあるが、将来の発展が期待できない場所よりも、交通アクセスが便利で、生活動線に沿った立地が好ましい。たとえば、福岡市総合図書館（前身は福岡市市民図書館）の分館として、JRの駅ビル4階に設立された和白図書館（福岡市東区）や地下鉄の駅に隣接したバスターミナルの上階に設けられた早良図書館（福岡市早良区）などがある。

---

2) 本田明，西田博志，菅原峻『図書館施設を見直す』日本図書館協会，1986，179p. 引用はp.5.

第 7 章　図書館の施設・設備

　図書館は、最寄りの駅・バス停などから徒歩で来館できることが望ましいが、その地域の環境によっては、生活に必須の公共交通機関の不備、図書館未設置地域からの来館等、自動車や自転車を利用せざるをえないケースがある。これに対応するためには、十分なスペースをもち、利用しやすい駐車場・駐輪場の設置が必要である。

　図書館施設は、設立母体が所有もしくは賃借している。設置母体の財政状況によって所有か賃借かが決定されるが、賃借は立地条件の変化により、人々の動線が変化し図書館の利用が減少した場合でも、所有よりは柔軟な対応を取ることが可能である。分館を設置する際に、賃借という方法を採用した図書館がある。アメリカのボルチモアカウンティ図書館（Baltimore county public library）のミニ図書館（サテライトのミニライブラリー）は、ショッピング・センターのテナントとして開館し、その賃借契約は通常10年で、5 年間の更新ができる。また、開館後の利用者数が少なければ移転を検討する。事実、「1989年のこと、あるミニ図書館をそれまであった場所から、1.3マイル南方のショッピング・センターへ移転させた。移転後の最初の 6 か月間の貸出冊数を、前年度の 6 か月間と比較すると、39,761冊から47,888冊へ20パーセント増えていた」[3]。

　ミニ図書館が賃借であったため、移転し利用を増やした例である。もっとも、1994年に同館を訪問した根本彰[4]によれば、専門職が配置されていないミニライブラリーのほとんどが閉鎖されており、ショッピング・センターに併設した図書館が成功したとは断言できない。先述した北九州市立若松図書館の事例は、ボルチモアカウンティ図書館のケースに類似する。ただし、北九州市立若松図書館は、指定管理者制度を導入した事例であるが、司書資格を有する職員が配置されているので単純比較はできないであろう。

　今後、わが国で図書館を新規に開設する際、利用を促進する立地の一案として参考とすべき事例であるといえよう。

---

3) ボルチモア郡立図書館ブルーリボン委員会著，山本昭和，井上靖代訳『望みのものを提供する：住民のための図書館経営』日本図書館協会，1999, 165p. 引用は p.115.
4) 根本彰「ボルチモアカウンティ公共図書館のサービス戦略」『現代の図書館』Vol.32, No.4, 1994.12, pp.287-293.

## 1.3　図書館の必要条件

　図書館施設における必要条件は、一般に、(1)入りやすく親しみやすいこと、(2)資料が探しやすいこと、(3)スタッフに尋ねやすいこと、(4)管理がしやすいこと、(5)改装などの模様替えに対する自由度（フレキシビリティ）が高いこと、である。

(1) 入りやすく親しみやすいこと

　物理的な側面（段差がない、入口が自動ドア等）と心理的側面（入口が1階にある、外から内部が見える、威圧感がない等）がある。親しみやすさには館内が明るく、見通しがきいて、適切なサインがあり利用者が現在地と目的地が分かること、明るいムードが感じられることなどがある。

(2) 資料が探しやすいこと

　施設面では、一層当たりの面積が広い低層建築、各フロア・コーナーの合理的配置等が望ましい。設備面では、開架資料の量が多いこと、適切なサインシステム、見通しがきくフロア、使いやすい書架、複数のOPAC（Online Public Access Catalog）の設置などが必要である。

(3) スタッフに尋ねやすいこと

　設備という点では、独立したインフォメーション・カウンター（インフォメーション・デスク）が分かりやすい場所にあることが重要である。人的配置については、専任のスタッフがいる、スタッフであることが一目で分かる、スタッフが目につきやすい場所にいる、ということが大切である。図書館サービスの中枢であるカウンターの配置に工夫が必要である。

(4) 管理がしやすいこと

　設備面では、適切な書架の配置、段差・視線の死角がないこと等を必要とするであろう。設備の配置を工夫し、利用者の動線と交わらないも大切である。

(5) 改装などの模様替えに対する自由度（フレキシビリティ）が高いこと

具体的には将来の模様替えに対応できるように、①固定壁・柱を少なくする、②書架を置けるように床の強度を高める、③段差をなくす、④コンピュータの配置換えに対応できるようにフリーアクセスフロア（OAフロア）にする、等である。モデュラープランニング（フレキシビリティを徹底追求した建築）を採用した図書館に東京工業大学、東京学芸大学、国際基督教大学等があり、そこではフロアをフラットにし、階段やトイレを端に寄せ、90センチメートル巾の書架を配置しやすいように柱を設定し、中央部分は壁のない空間で書架を置ける床強度にするといった設計になっている。

### 1.4　空間のゾーニング

利用者に快適な空間を提供するための一手段にゾーニング（zoning）がある。ゾーニングとは、空間を機能・用途別に区分（zone）して配置すること、すなわち建築プラン等で関連のある機能や用途をまとめて複数のゾーンに分け、それぞれに必要な空間の大きさ・相互の関係を考慮し位置関係を決める作業である。建物で垂直的に空間を配置していくことをバーチカルゾーニング、水平的に空間の配置を行うことをフロアゾーニングといい、公共図書館と大学図書館とではゾーニングの適用の仕方が異なる。

公立図書館では、一般成人向け、児童コーナー、ヤングアダルトコーナーなど対象年齢別にゾーニングするのに対して、大学図書館では、館内を(1)静寂さを保ち、静かに学習・読書ができるエリア、(2)ある程度の会話を許容するエリアというように二つに分け、図書館の入り口付近は会話も飲食もできる空間とし、図書館の内奥に進むにつれて、段階的に利用条件が制約されていくもので、1990年代からサン・フランシスコ州立大学図書館、ブリティシュ・コロンビア大学図書館などアメリカやカナダの大学で導入されている。そこでは、「ラーニング・コモンズ（learning commons）」[5]と呼ばれ、友人と会話したり、コンピュータを使って共同で課題を行ったりすることができるエリアと、静かに個人学習を行うエリアとに区分されている。たとえば、サン・フランシスコ州立

**表7.1　成蹊大学情報図書館飲食・通話・会話許容区分表**

| エリア | 飲食 | 通話 | 会話 |
|---|---|---|---|
| 書架・メディアルーム | × | ×（マナーモード） | × |
| クリスタル・キャレル（個室閲覧室） | × | ×（マナーモード） | × |
| アトリウム（閲覧スペース） | × | ×（マナーモード） | △（小声での学習会話） |
| プラネット（グループ閲覧室） | × | ×（マナーモード） | ○（学習会話） |
| エントランス | × | ×（マナーモード） | ○（学習会話） |
| リフレッシュエリア | ○ | ○ | ○（学習会話） |

（注）筆者作成。

　大学図書館は学習エリアを(1) Group study area（静けさを求めないエリア）、(2) Quiet study area（キーボード音までは認容するエリア）、(3) Silent study area（PCや私語は一切禁止の静寂なエリア）に区分している。わが国でも名古屋大学附属中央図書館、大阪大学理工学図書館などでゾーニングが導入されている。表7.1は成蹊大学情報図書館における例である（同大学図書館ホームページ「情報図書館 Floor Guide」http://www.seikei.ac.jp/university/library/ floorguide20080916.pdf,（参照2013-1-25）をもとに筆者作成）。

## 2　図書館の設備

　設備に関しては、機能だけではなく施設管理の低コスト化への配慮が必要で

---

5)「ラーニング・コモンズ（learning commons）」とは、新しい大学図書館の空間モデルを意味する。具体的には、図書館施設内に、学生のための、学習用のパソコンを設置するのみならず、図書館員とは別途に、学習サポートのためのデスクやスタッフも配置され、さらに学生同士が協同学習できる環境（場）を指す。歴史的にみると、1990年代のアメリカで「インフォメーション・コモンズ（information commons）」という概念が生まれ、その実践がはじまった。さらに、その発展形として、「ラーニング・コモンズ（learning commons）」が生まれた。詳しくは以下の文献を参照されたい。米澤誠「インフォメーション・コモンズからラーニング・コモンズへ：大学図書館におけるネット世代の学習支援」『カレントアウェアネス』No.289, 2006.9, pp.9-12. 山内祐平編著『学びの空間が大学を変える』ボイックス, 2010, 186p.

ある。

## 2.1 コンピュータ

　近年、パソコンの性能が著しく向上し、図書館業務において不可欠な機器となっている。しかし、人や設備に十分な予算が得られない小規模図書館において、コンピュータを活用した図書館業務のトータルなシステムを構築することは容易ではない。またパソコンが導入された当初は万全を期したつもりでも、技術の進歩には予測しがたい面があるため、機器の配置が予測される場所には配線、電源、電気容量等の点において、できる限り対応が可能なようにすることも忘れてはならない。

## 2.2 照明

　図書館における照明は、全般（ambient）照明＋局部（task）照明の組み合わせたプランが省エネルギーにも効果的である。たとえば、書架については資料を選ぶために快適な環境が望まれる。書架は棚の上部と下部では高さに差があり天井からの全般照明だけでは照度差が生じるため適切な照度を得ることは難しい。そのため、書架の上部に局部照明を設けることで必要な照度を確保する照明設計が必要である。読書机が長机をローパーティションで仕切ったものや、机にパーティションを設置している場合は、パーティションによって生じる影によって机が暗くならないように、個々の机にグレア（glare：強い輝度対比、映り込み等による見にくさ）の影響を出さないようにカバーを付けた照明器具を設置する方法と、天井全面を光天井にする方法とがある。また、図書館にモニタを設置する場合は、モニタにグレアの影響が出ないように照明器具にルーバ（反射板）を付けて光源を反射・拡散させて光を均等にし、光源が直接目に入らないようにする方法がある。トイレの照明については、人感センサーで制御することにより、消し忘れ防止、電気量の継続的低減が期待できる。たとえば、大津町おおづ図書館（熊本県）は、自然採光と間接照明の併用により、直射日光を入れない館内では年間を通して照度が一定に保たれている。また、後々の

維持管理が容易であるためランニングコストの削減にも資している。

　一方で、照明器具は資料の劣化の一因にもなっている。資料劣化を防ぐには資料が太陽光に曝されないようにすることはもちろん、必要に応じて蛍光灯からの紫外線をカットする対策をとる。たとえば紫外線防止型の蛍光灯の使用、紫外線をカットする筒状のフィルムを通常の蛍光灯に被せる方法などがある。また太陽光を遮るためには、カーテンやブラインド、複層ガラスの他、窓ガラスへの紫外線カットフィルムの貼付、ガラスコーティング剤の塗布等の方法がある。

## 2.3　家具

　利用者が、長時間滞在しても快適さを損なわないよう、家具は機能的で使いやすくデザイン的にも優れたものを選定する。

(1) 書架

　書架は、収納冊数の確保と館内見通しの両面に配慮し、低書架と高書架を適切に配置していく必要がある。書架に要求されるのは、堅牢性であり、安全性である。阪神淡路大震災（1995年）や東日本大震災（2011年）では、当該地域における数多くの図書館の書架が倒壊し、資料が落下・散乱して避難経路をふさいだことが報告されている。地震多発地帯たるわが国では、書架の耐震性に配慮し免震書架の採用を視野に入れるべきである。

　書架には、一般閲覧室用のもの（書架、雑誌架、大型本書架）と児童用のもの（書架、絵本架）とがある。開架の書架は収納のための家具ではなく陳列のための家具であり、利用者が資料を閲覧しやすい、手に取りやすいことが重要である。年々増加する資料を配架するために7段書架を壁面に置くなどの工夫も必要であるが、閲覧室の開放性を保つためには見通しのきく4～5段が望ましい。

　児童用書架は、児童の視線を考慮した3段～4段が望ましい。児童用資料のなかでも絵本は、判型がバラバラで厚さが薄く、薄い背だけからは内容が分からない場合が多い。また、幼児も親たちも内容を示す表紙で絵本を選ぶため、

表紙をみせる配架（面出し）が望ましい。児童書専門店で絵本を全面差し込み式の書架に配架しているところもあるし、差し込み式2段、普通棚2段の4段書架を使用している図書館もある。また表紙をみせるという観点から本を上からめくる形式の絵本架の採用も考慮してよい。しかし、表紙をみせる形式の書架を用いるとその分収容力が落ちるため、総数のなかで絵本の表紙を何％みせるか目標値を設定しなければ、いずれ配架スペースに支障をきたすこととなる。雑誌架は最新号の表紙をみせ、かつ数冊のバックナンバーを近くに置くために、鳩の巣式書架（前面に最新号を、扉を開けた中にバックナンバーを配架した書架）を採用するなど様々な工夫を行っている。大型本（A4判より大きな本）は普通の書架には入らないので、専用の書架を用意して別置するのが一般的である。

　また、書架間隔は人と車椅子利用者とが相互通行できるよう最低1.8mを確保するよう配慮しなければならない。

(2) 机と椅子

　机と椅子については、利用者の属性（年齢、読書の形態、来館の目的等）に応じた配慮が必要である。たとえば、児童室では子どもの成長に合わせた閲覧机、椅子などを選定し、年齢に応じて座面の高さが異なる椅子を用意しなければならない。グループ学習室では、グループでディスカッションをしながらの学習が進めやすいように、読書会、研究会等その目的に合わせてテーブルの並べ方を変えることにより利用しやすいものを配置することが望ましい。ブラウジングコーナーでは、ゆったりと読書を楽しめるようにソファなどを配置する。

(3) 床材

　図書館の床の材料には、断熱性、衝撃吸収性、耐摩耗性、遮音性、摩擦性（滑りにくさ）の他、清掃のしやすさ、清潔感の維持が求められる。選定にあたりコスト面も考慮しなければならないため、カーペットタイルを採用する館が多いが、必要に応じて異なる床材用することも視野に入れてよい。たとえば児童室ではカーペット、畳等を採用する場合があるが、その際機能面ばかりでは

なく子どものアレルギー等にも配慮することが必要である。

### 2.4　サイン

　図書館におけるサインとは、「利用者がその目的を達成できるように案内指示をした」[6]視覚的媒体で、LI（library identity）を構成する重要な要素である。各種のサインを組み合わせたサインシステムでは、「システム全体がイメージの統一感・連続感を持っているとともに、個々のサインの独立性・識別性が高いこと」[7]が重視視される。表7.2はサインの種類であるが、一つのサインが複数の機能をもつ場合もある。

　各図書館におけるサインは、「後々の書き加え、書き替えや移設への対応が容易であること、新たな制作に多くの費用がかからないことがサインシステムを維持していくうえで大切である」[8]。

　サインは利用者への情報伝達の一手段であるが、書架移動等の変化に対応したり、利用者の動線に配慮したサインを追加したり、破損に対する手当を図書館員が自ら行わなければならない。サインは建築当初の計画終了で完了するものではなく、その後の維持管理に大きな手間と時間がかかるもので、もしその作業を怠った場合は、繰り返し同じような質問に答えることになる。サイン計画はそれらの質問を減らすことで、図書館員の業務を軽減し利用者の質問の質を向上させる可能性を有している。ところが、ある質問が繰り返される場合はサインに問題があるといえその改善は必要であるのだが、従来から図書館の掲示等のサインは本来業務ではなく片手間に行うものとして軽視される傾向がみられる。

　ところで、アメリカなどの図書館に行くと、レファレンス・カウンターでは「Ask」などのサインを見かけることがある。また、"May I help you?"（お手伝

---

6）今まど子編著『図書館学基礎資料　第6版』樹村房，2006，118p．引用はp.69．
7）日本図書館協会図書館ハンドブック編集委員会編『図書館ハンドブック　第5版』日本図書館協会，1990，619p．引用はp.458．
8）植松貞夫・冨江伸治・抑瀬寛夫・川島宏・中井孝幸『よい図書館施設をつくる　JLA図書館実践シリーズ13』日本図書館協会，2010，125p．引用はp.76．

表7.2 サインの種類

| | | |
|---|---|---|
| 施設の利用 | 案内サイン | 図書館の場所・開館日程・時間<br>館内案内図<br>図書館の概要（貸出冊数・日数） |
| | 誘導サイン | 方向を示して誘導（階段の場所など） |
| | 識別（定点）サイン | 館内でのカウンター・コピー機・トイレなどの場所（フロア・室・コーナー名称） |
| | 規制（禁止）サイン | 携帯電話の使用・飲食などの禁止 |
| 資料の利用 | 案内サイン | 館内案内図、OPACの使用方法、NDC分類表、貸出・閲覧の方法 |
| | 誘導サイン | 方向を示して誘導<br>（インフォメーションカウンターの場所など） |
| | 識別（定点）サイン | 参考図書コーナー・マルチメディアコーナー・レファレンスカウンターの場所<br>書架サイン |
| | 規制（禁止）サイン | 著作権法に抵触するコピーの禁止 |

（注）筆者作成。

いできることがありますか）といって、カウンターから図書館員が飛び出し、資料調査で困っている利用者を助けてくれることも多い。図書館におけるレファレンスサービスは、利用者からみれば敷居の高いサービスである。その敷居の高さを取り除くのが、わかりやすいサインシステムであり、図書館員の親しみやすさであろう。

## 第8章　図書館における危機管理

### ① 現代社会における危機管理と図書館

#### 1.1 危機管理とは

　一般に「危機管理」とは、不測の災害・事故・事件等の突発的な事態に対処できる体制を意味する。類義語として、「リスク・マネジメント（risk management）」や「クライシス・マネジメント（crisis management）」等があり、危機発生前後のどちらに重点を置くかによって使い分けがなされる場合もある。日本語で「危機管理」といった場合、「危機に至らないトラブルなども含む」[1]と小林昌樹は指摘する。日本リスク研究学会の定義[2]によれば、「自然災害や原子力施設の放射線被ばく事故などにおいて、発生直後の緊急対応のマネジメント段階」を「危機管理（emergency management）」と呼び、「事前の長期にわたる対応を軸とする」のが「リスク・マネジメント」である。「図書館における危機管理」といった場合、危機発生前の予防から危機発生後の対応まで、包括的に取り上げることが多い。

　今日、あらゆる組織において危機管理は緊急かつ重要な課題で、図書館においてもそれは同様である。訪れる危機には他の組織と共通の危機もあれば、図書館固有の危機もある。危機管理をおろそかにした場合、組織体にとってもっとも重要な社会的信用を失うことにつながるという点では、図書館も他の公共

---

1) 小林昌樹「図書館の危機管理総論：リスクの全体像とさまざまなアプローチ」『現代の図書館』Vol.40, No.2, 2002.6, p.59-67. 引用は p.59.
2) 日本リスク研究学会編『リスク学用語小辞典』丸善, 2008, 330p. 引用は p.68. なお、この定義は、あくまでも一般的な用法であり、保険・金融、防災等の専門分野における用法や定義ではない。

機関や企業などと同じである。

### 1.2 図書館が直面する危機の種類

では、実際にどのような危機が存在するのだろうか。以下、本章では、図書館が直面する危機について、具体例をあげながら説明する。

一般の組織と共通の危機としてまず思い浮かぶのは、地震や水害等の自然災害である。2011年3月に起きた東日本大震災では、地震とともに津波と原発事故によって甚大な被害を受けたことは記憶に新しい。図書館についても、津波によって建物ごと流されてしまった事例があり、また被災地の多くの図書館では復旧作業に追われて、長期にわたる休館を余儀なくされることとなった。地震については今後、わが国では首都圏の直下型地震や南海トラフ地震の発生が懸念されており、影響のある地域では図書館においても対策が必要となる。

次に、現代の図書館が情報通信技術を活用したサービスを展開する以上、インターネットにかかわるトラブルも発生する。情報漏洩やハッカー対策等の情報セキュリティが図書館においても喫緊の課題となっている。いわゆるサイバー攻撃は、図書館をはじめ、あらゆる組織の公式ウェブサイトがその攻撃対象になるといっても過言ではない。

また、図書館資料の管理業務の合理化やサービス向上に向けて、ICタグの技術が注目を集め、バーコードに代わって図書館に導入されつつある。ICタグは同時に複数のデータを非接触の状態で読み込むことができるという点で、非常に有望な技術である。しかし一方で図書館資料の利用状況の追跡が容易になるため、利用者のプライバシー保護が重要な課題である。さらに、図書館資料の盗難を防止するため、広く設置されている電子商品監視機器（Electronic Article Surveillance）の一つであるブック・ディテクション・システム（Book Ditection System，以下BDS）の電磁波が、利用者の人体に与える悪影響も指摘されている。

この他にも、不特定多数の利用者が来館する公立図書館では、新型インフルエンザや口蹄疫など様々な感染症への対策をはじめ、乳幼児から高齢者までの

幅広い年齢層や身体にハンディをもつ人々の来館があるため、バリアフリー対策を講じるとともに、図書館施設内での事故を防ぐための危機管理対策も不可欠である。利用者の突然の心肺停止に備えて、AED（Automated External Defibrillator：自動体外式除細動器）の設置も検討されており、すぐに使うことができるよう救命救急の講習を図書館員が定期的に受けておくことも、他の公共施設と同様に求められている。

　最後に、いわゆる人的トラブルである。資料の無断持ち出し、資料の切り取りなどの破損行為、館内における盗難などの犯罪行為や迷惑行為、不審者の来館、理不尽な要求をするクレーマー等である。今日の図書館（特に公立図書館）は、危機につながりうる特徴を多くもっている施設である。すなわち「誰でも出入りが自由である、利用者に子どもや高齢者が多く含まれる、職員が少人数であることが多い」[3]という特徴から、トラブルや事故がいつ降りかかってきてもおかしくないのである。

　ここで、留意すべき点がある。図書館資料の盗難防止や施設内の安全対策を強化するためのBDSや監視カメラの導入は、善良な一般利用者に対して不快な思いをさせる場合も起こり得る。先述したように、BDSは利用者の人体への悪影響を及ぼす可能性も否定できない。犯罪防止とはいえ、監視カメラの導入は利用者のプライバシーに抵触する可能性もある。安全対策を強化すればするほど、一部の利用者にとっては使い勝手の悪い図書館になる可能性も生じてくる。施設内の秩序維持や快適な空間を提供するための安全対策が、皮肉にも図書館利用に負の影響を与えることも起こり得る。図書館における危機管理を考えるさいの前提として、いかにしてこれらのバランスを図るべきかが問われているのである。

---

[3]「図書館におけるリスクマネージメントに関する調査研究」検討委員会編『図書館におけるリスクマネージメントガイドブック：トラブルや災害に備えて』文部科学省・三菱総合研究所, 2010, 81p. 引用はp.2. http://www.mext.go.jp/a_menu/shougai/tosho/houkoku/1294193.htm,（参照2013-1-31）.

第 8 章　図書館における危機管理

## 1.3　危機管理マニュアルの作成

　ここで、危機管理対策の手法として、危機管理マニュアルの作成について触れておきたい。学校図書館を擁する学校についてみると、2001年に発生した大阪教育大学附属池田小学校における児童殺傷事件以来、危機管理の意識は一変し、「学校は聖域」という時代は過去のものとなった。文部科学省では同年7月に「幼児児童生徒の安全確保及び学校の安全管理に関する緊急対策について」[4]を各都道府県教育委員会等に通知し、あわせて必要な財政措置を行った。次年度より「子ども安心プロジェクト」を実施し、学校の安全管理に関する取組事例集や学校における危機管理マニュアルの作成・配布に取り組んだ。その成果として、2008年現在、防犯のマニュアルを活用している学校は97.8％、学校独自の危機管理マニュアルを作成している学校は84.7％という実施率になっている[5]。

　公立図書館についても、文部科学省が2009年度に「図書館・博物館における地域の知の拠点推進事業」の一環として、『図書館におけるリスクマネージメントガイドブック』を発表している[6]。このガイドブック等をもとに、各図書館での危機管理対策や具体的なマニュアルの作成につながることが望ましい。しかし実際には、作成したマニュアルに載っていない想定外の事態も起こり得るため、様々な不測の事態に対して、臨機応変に対応できる図書館員の力量も問われることを忘れてはならない。普段から防災訓練などを積み重ね、マニュアルに書かれていない不測の事態に際しても、機転がきく状況判断が求められる。

　以上指摘したように図書館には、対処しなければならない実に様々な危機が存在する。先述した事項以外に、訴訟リスクを回避するための予防法学的な視点に立った危機管理も必要であろう。かつてアメリカにおいて、常連の図書館

---

4）文部科学省「幼児児童生徒の安全確保及び学校の安全管理に関する緊急対策について」http://www.mext.go.jp/b_menu/hakusho/nc/t20010710001/t20010710001.html，（参照2013-1-31）．
5）文部科学省「学校の安全管理の取組状況に関する調査（平成19年度実績）」http://www.mext.go.jp/component/a_menu/education/detail/__icsFiles/afieldfile/2010/01/20/1267499_1.pdf，（参照2013-1-31）．
6）前掲3）参照．

利用者であったホームレスが図書館などを提訴した「クライマー事件」は、わが国における公立図書館経営にとっても教訓的な事例である[7]。ホームレスであることを事由に図書館利用を拒否されたこの事件は、いわゆる「問題利用者（problem patron）」に対する図書館側の対応のあり方を考える上で示唆に富む。

以下では、図書館と自然災害（第2節）、インターネット時代における図書館の危機管理（第3節）、図書館における人的トラブルへの対応（第4節）の順に解説する。

## 2 図書館と自然災害

自然災害による危機は、他のあらゆる組織や施設と共通で、具体的には地震災害とそれに伴う津波災害、台風や洪水による風水害、火災、落雷等による停電が相当する。これらの危機に対する図書館にとっての固有の使命は、「①人を守る、②資料を守る、③図書館を守る」[8]ということである。日頃から、これらの危機に対する意識を高めるためマニュアルを整備し、避難訓練等の研修会を開催する等の対策を十分に実施する必要がある。マニュアル作成にあたっては、日本図書館協会が刊行した『みんなで考える図書館の地震対策：減災へつなぐ』（日本図書館協会、2012年）などが参考になる。

以下ではまず地震災害の事例を取り上げる。地震が起きると図書館がどのような被害を受けるのか。その実際について知ることは、対策について考えるための重要な参考になるだろう。

### 2.1 地震災害の事例

地震災害の事例として、2011年の東日本大震災による図書館の被害状況について紹介する。1995年の阪神・淡路大震災や2004年の新潟県中越地震と違って、

---

7) 山本順一「公共図書館の利用をめぐって：クライマー事件を素材として」『転換期における図書館の課題と歴史』石井敦先生古稀記念論集刊行会編，緑蔭書房，pp.99-111．この裁判では、原告のホームレスであったクライマーが和解金を受け取り、終結した。
8) 前掲3），p.35．

第8章　図書館における危機管理

東日本大震災では巨大な津波を伴い、また図書館の開館時間中に発生したという特徴があり、亡くなられた図書館員の方々もいる。

＜東日本大震災による図書館の被害状況＞
日本図書館協会第33回図書館建築研修会『東日本大震災に学ぶ』[9]より

・公共図書館の被害状況のまとめ
①人的被害：地震による被害は甚大で広範囲であったが、図書館内で負傷した人（津波被害を除く）は把握した範囲ではごく少ない。茨城県立図書館で、避難誘導にあたっていた警備員が頭を負傷したことが痛ましいが、その他の調べでは軽度の打撲や切り傷で済んでいる。家具の転倒や天井からの物の落下が発生し、人身事故が起こりうる状況であったが、負傷者が少なかったことは幸運と言える。地震の特性が、短周期で長い揺れであったため、地震規模の割に倒壊した建物が少なかったことも理由の一つと考えられる。

　言葉を無くす状況であったのは、津波によって壊滅的な被害を受けた市町の図書館である。陸前高田市や南三陸町他、職員が亡くなられた館が複数ある。

②図書の落下：図書（資料）の落下は、広範かつ大量に発生した。被害が集中した岩手・宮城・福島県では、程度の差はあれ多くの図書館で資料が落下した。関東地方でも各県で図書の落下があり、特に茨城県は被害が多い。また国立国会図書館でも膨大な量の落下があった。高所からの図書の落下は人に対し危険であるが、落下による怪我の報告は見当たらない。

③書架の転倒・破損：書架の転倒は利用者・職員にとってたいへん危険である。書架の転倒事故は、多数発生したが、けが人が出なかったことは運が良かったと肝に銘じたい。また復旧に日数も費用もかかるため回避すべき

---

9) 日本図書館協会『東日本大震災に学ぶ』（第33回図書館建築研修会テキスト）日本図書館協会，2012, 103p. 引用は pp.43-45.

ことである。阪神淡路大震災では、書架が将棋倒しとなる被害が多発したが、早朝の人のいないときであった。その後、各書架メーカーは耐震性を高めるための改善を図っていることもあって、新しい図書館での書架の転倒・破損は僅かであったと言える。しかし古い図書館や小型館に書架が転倒したとの報告が散見され、震度の大きかったエリアに集中している。

④非構造体の損傷：（中略）特に高所からの落下物が危険であり、関東地方でも天井の落下によって死者（図書館以外）が出ている。図書館においては、福島県立図書館で空調噴出し口が多数高所から落下し、茨城県立図書館では、金属パネルの天井ユニットが破損し落下し、大変危険な状態となった。（中略）電球や蛍光灯が割れる事故は僅かであるが、矢吹町図書館では、蛍光灯が割れて散乱した本にふりかかり、ガラス片等の除去に手間取ることになった。

　図書館が再開するためには余震に対し安全であることが求められる。この時、天井部の破損は大きな足枷となる。（中略）長期の閉館を余儀なくされた館は天井のダメージが要因となっていた。

　窓ガラスの破損は同様に危険なことであるが、高所から割れた窓ガラスが降ってくるような状態は少なかったと言える。（中略）資料のために注意が必要なものは、配管の破損による水損である。

⑤構造体の破損：構造体の破損は図書館が早期に復興するためには大きな妨げとなる。地震によって壊滅的になった図書館は無いが、危険度判定で「危険」とされた図書館がある。（中略）なお、液状化で図書館が大きく傾く被害の報告はない。

⑥津波による被害：三陸沿岸部を中心に広範に津波被害が図書館にもあった。南三陸町や陸前高田市のように壊滅的な館から、駐車場まで津波が来るという館まで、被害状況は様々だと言える（中略）。また資料のダメージも大きく、津波を受けた資料は、ほとんどが廃棄せざるを得ない。貸出されていて被災し失った図書も多い。未だ復興の途上にある図書館があり、津波被害を総括できるのはまだ先のことであろう。

⑦原発事故による被害：いまだ把握できない状況にある。

## 2.2　自然災害への対策

　以下では『図書館におけるリスクマネージメントガイドブック』[10]をもとに、地震、風水害、火災への具体的対策について紹介する。

(1) 地震
■事前の対応
・書架の固定や、図書を落ちにくくする工夫を行う（図8.1）。
・避難路、出入り口を常に認識しておく。
・避難路、出入り口に什器、荷物を置かない（避難経路を確保しておく（図8.2））。
・防災グッズの常備、保管場所の確認を行う。
・周辺にある避難地域を確認しておく。
・複合館の場合、避難方法や連絡方法を他施設と確認しておく。
■実際に起こったら（応急対応）
・利用者への対応（初動アナウンス、安全な場所に移動、揺れが収まってからけが人の確認、けが人・急病人への対応）。
・初期消火（初期消火の実施、消防署への通報）。
・安全確保（落下物等からの安全の確保、火の始末、ガスの閉栓、エレベータ内の確認、危険箇所の封鎖）。
・避難誘導（避難口・経路、誘導先を確認、避難誘導の実施）。
・被災状況把握（人的被害を把握、資料・施設・設備・近隣の被害概況を把握）。
・情報確認（目視による館内外の状況確認、停電・断水・ガス停止・通信の確認、電話・携帯電話・インターネット等の通信手段の確保、地震情報や交通機関の把握、勤務時間外の場合参集可否の判断、教育委員会・役所へ連絡、職員と家族の安否確認）。
・閉館の判断（被害概況をもとに館内で協議・決定、地震情報・被害概況・閉館等のアナウンス、利用者に帰宅を促し、子どもの利用者の場合、親の出迎えを待つ）。

図8.1　本の落下と書架

(出典) 柳瀬寛夫「4．家具類：本の落下対策を中心に」『東日本大震災に学ぶ（第33回図書館建築研修会テキスト）』日本図書館協会，2012，103p．引用はp.80．© 柳瀬寛夫

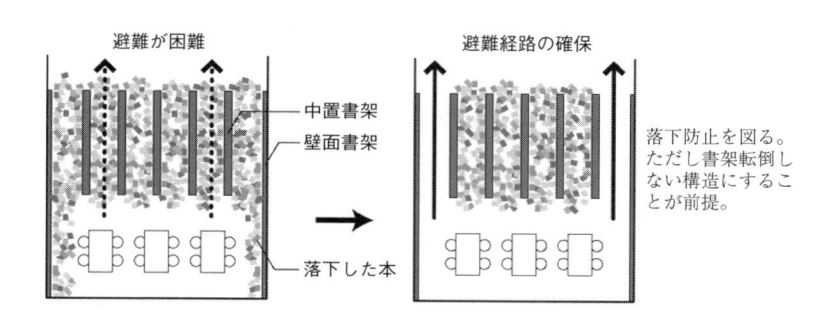

図8.2　避難経路の確保

(出典) 柳瀬寛夫「4．家具類：本の落下対策を中心に」『東日本大震災に学ぶ（第33回図書館建築研修会テキスト）』日本図書館協会，2012，103p．引用はp.75．© 柳瀬寛夫

・資料対応(余震に備えて資料等を緊急避難、被害調査を実施、散乱資料の片付け、資料の貸出停止などデータベースの更新)。

(2) 風水害
■事前の対応
・台風の進路や勢力の見込みをラジオ、テレビ、インターネット等により収集する。
・地図や洪水ハザードマップ等により浸水の可能性を把握する。
・被害を想定し、必要があれば資料を避難する。
・資料目録台帳を準備する。
・防災資器材(特に水防資器材)を準備する。
・避難路、出入り口を常に確認しておく。
■実際に起こったら
・利用者への対応(館内待機のアナウンス、タオル等の貸出、天候が落ち着いてからも情報提供)。
・被害状況の把握(人的被害の確認、資料・施設・設備・近隣の被害状況の確認)。
・片付け・消毒等(障害物、汚染物の片付け、換気・乾燥、防疫薬剤の散布)。
・浸水した資料への対応(資料の被害調査の実施、資料の復旧措置、新規購入資料リストの作成、資料の除籍等データベースの更新、資料の救済方法について専門機関に相談)。

(3) 火災
■事前の対応
・消火器、消火栓、火災報知機、消火設備の位置を日ごろから確認しておき、訓練を通して機器を実際に扱えるようにする。
・避難路、出入り口を常に認識しておく。
・スプリンクラーの停止方法を把握しておく(誤作動への対応、消火後に資料の

---

10) 前掲3)、pp.35-45.

水被害を最小限にするため)。

■実際に起こったら
・初期消火・通報（出火場所・状況の確認、初期消火の実施、火災発生のアナウンスと非常口の開放・利用者の誘導）。
・避難誘導（避難口・経路・誘導先の確認、避難誘導の実施）。
・被害状況の把握、避難・閉館の判断（館内関係者で協議・決定、火災情報・被害概況のアナウンス、避難誘導、閉館等のアナウンス、被害状況等の記録）。
・資料対応（資料を退避・移動、被害調査の実施、資料の復旧措置）。

## ③ インターネットと図書館の危機管理

### 3.1 概要

国立国会図書館が2012年1月に正式公開した「国立国会図書館サーチ」は、全国の公立図書館のみならず、公文書館や博物館、さらには学術研究機関等のデジタル化された資料を統合的に検索することを可能にしている。今日の図書館にとって、インターネットを介したデジタル資料の提供は現実的な課題となった。デジタル資料、すなわち電子書籍の閲覧・貸出サービスなどに対する利用者からのニーズは高まっている。

このように、現代の図書館はインターネットや情報通信技術を活用して、サービスの効率化と活性化を図っている。すなわち、図書館システムによるコレクション管理と貸出、ネット上での蔵書検索サービスと予約など、システム運営業者との共同作業のもとで、図書館サービスが運営されることが常態となっている。それは国立国会図書館や大学図書館のみならず、小規模の市町村立図書館についてもあてはまる。

そういうなかで、図書館もいわゆるインターネットや情報通信技術にかかるセキュリティの問題に対応せざるを得ない状況となってきた。内閣官房情報セキュリティセンターの「国民を守る情報セキュリティサイト」[11]によれば、組織体（企業）は以下のような点を再確認する必要があるという。

- ビジネスをとりまく情報セキュリティ上のリスク。
- 従業員のミスがビジネスに与える影響。
- 情報セキュリティ上の問題（システムがサイバー犯罪者に乗っ取られる等）がブランド価値に与える影響。
- 情報セキュリティを高めることによる付加価値・競争優位性。

　図書館は利用者の信頼を得るために、具体的にどのようなリスク評価、監視体制の整備、対応計画を検討すればよいのか。ここではまず、図書館の情報セキュリティをめぐる問題事例を取り上げて考えてみたい。

### 3.2　事例
(1) 個人情報の流出

　2010年に図書館システムの不具合によって、公立図書館の利用者約3,000人分の氏名や生年月日、住所、電話番号等の個人情報が流出するという事件が起こった。情報流出があったのは、愛知県岡崎市、宮崎県えびの市、東京都中野区の図書館であり、それぞれ同じ業者のシステムを導入していた。岡崎市立中央図書館では督促電話連絡データと予約取置本リストの情報が漏れていた。岡崎市のシステム業者が同じシステムを他の図書館に納入する際、岡崎市の図書館利用者情報の残存に気づかなかったことと、システムがインターネット経由で誰でもアクセスできる状態に誤って設定されていたことが原因であるとされる。

　あってはならないことだが、図書館が情報通信技術を活用する以上、情報流出のリスクは常に想定しておかなければならない。この事件の原因はシステム業者のミスにあるが、利用者や社会に対する責任はあくまでも図書館の側にある。利用者の住所など、個人情報の保護は当然の義務であるが、一方で、延滞利用者データなど、図書館の利用事実や読書事実も、「図書館の自由に関する

---

11) 内閣官房情報セキュリティセンター「国民を守る情報セキュリティサイト」http://www.nisc.go.jp/security-site/index.html，（参照2013-1-31）.

宣言」にもあるように図書館利用者のプライバシーに属することである。それらを守ることも図書館の責務であることを、ここで確認しておきたい。

(2) 図書館システムの障害

　図書館のウェブサイトへのアクセスが突然できなくなり、利用者から苦情が寄せられるという事態となると、まずは技術的問題として、早急かつ慎重な原因の究明と復旧への対応とが求められることになる。さらに社会的問題として、その原因が図書館システムの障害によるものか、あるいは外部からのサイバー攻撃を受けたことによるのか、図書館はシステム障害の責任主体であるのかあるいは被害者であるのか、どのような公式説明をし、報告をするかによって、図書館に対する信頼や社会的な影響も違ったものとなる。以下では、図書館システムが実際にダウンした事例を取り上げて、この問題を考えてみたい。

　2010年3月から5月にかけて、愛知県岡崎市立中央図書館の蔵書検索システムが何度もダウンし、外部からのアクセスができなくなった。図書館がログファイルを調べたところ、外部からの大量アクセスがあると確認された。図書館システムの導入業者の対応によっても、データベースサーバの過負荷状態を改善することはできなかった。そこで、岡崎市立中央図書館は、迷惑アクセスを受けたとして警察に被害届を提出し、被害の証拠としてウェブサーバのログファイルを提出したとされる。その結果、愛知県に住む図書館利用者が業務妨害の疑いで逮捕された。この事件はいわゆる「Librahack 事件」（逮捕された本人が、当該事件の経緯を詳細に報告した「Librahack」という名称のウェブサイトを開設）として、全国紙の新聞でも大きく報道された。

　この利用者は当該図書館サイトの使い勝手に不満を感じていた。新着図書の案内が過去数ヶ月分の内容であったため、直近1週間以内の新着情報が検索しにくいという問題点があった。そこで彼は自動収集プログラム（クローラー）を作成して、より使い勝手のよい新着図書データベースを構築し、ウェブサイトで公開しようと考えていた。

　このプログラムによるアクセスによって岡崎市立中央図書館のウェブサイト

では閲覧障害が発生した。しかし、図書館のウェブサイトに与える負荷を考慮し、常識的な配慮をしていたと考えられている。

　逮捕された利用者は20日間拘留され、最終的には起訴猶予処分となった。その後岡崎市立図書館は、閲覧障害の真因が図書館システムにあり、運営業者の不十分な対応によってこのような事件に導かれたという見解を発表している。一方で、当該業者も当初「システムに問題はない」と市側に説明していたことをあげ、対応の遅れについて公式に謝罪した。

　岡崎市立中央図書館の問題は、システムダウンの原因の究明を業者に丸投げし、自館のシステムの問題を発見することができなかった点である。すなわち、図書館サービスの責任者としてではなく、サイバー攻撃の被害者として過剰反応し、警察への被害届提出に至った。この事件は、専任のシステム担当者を配置しないことがもたらす図書館の脆弱さを象徴している。また、危機管理を考えるうえでは、業者にも今回のような落度があることを想定しなければならない。まず、図書館は相談先を選ぶべきであった。被害者として警察に相談するのではなく、その前に、サイバー攻撃の問題に通暁した公的専門機関（例：独立行政法人情報処理推進機構）に相談するという選択もあったはずである。

　さらに、被害届を出すにあたって、図書館が自館のサーバのログファイルを警察に提出したとされている。さきの個人情報漏洩の問題と同様に、図書館の利用事実は図書館利用者のプライバシーに属することであり、それらを守ることは図書館固有の責務である。提出が事実だとするならば、先述の「図書館の自由に関する宣言」の「図書館は利用者の秘密を守る」に反する行為であり、社会における図書館への信頼が、著しく損なわれることにつながる。

### 3.3　今後の対応策

　中井奨によれば、コンピュータのシステムトラブルを予防するための心得は以下であるという[12]。

---

12) 中井奨「危機回避、五つの心得」（特集：動かないコンピュータその後）『日経コンピュータ』2010年12月22日号（No.772）, p.26-43. 引用は p.42-43.

(1)過去のトラブルを風化させない。
(2)不要なデータを見極め、捨てる。
(3)自社のITスキルを常にチェック。
(4)当事者意識を常に呼び起こす。
(5)市販製品だけに頼らない。

「Librahack事件」の当事者となった岡崎市立図書館についてみると、上記(3)と(4)が課題である。業者に過度に依存していると、システム部門のITスキルが低下し、これがシステムトラブルを招く。図書館としてはシステムのカスタマイズや運用・保守で主導権を握り、自らが責任者としての自覚を喚起するしかない。緊縮財政下の地方自治体においては、図書館の業務委託が急速に進行しているが、その場合、自治体と受託業者の双方が当事者意識をもって、図書館利用者の秘密を守ることが必要である。

## 4 図書館における人的トラブルへの対応

図書館におけるトラブル（主として人的トラブル）と、その対処方法について具体的に、法的観点を交えて解説書として、『図書館が危ない！運営編』[13]がある。同書によれば、図書館におけるトラブルは以下の12に分類できる。

(1)館内での迷惑行為（携帯電話の使用、閲覧席の長時間の専有、子どもを置いて館外で買い物等）。
(2)不審な人物の来館（酒気帯びの来館者等）。
(3)粗暴な利用者（大声を発する、周囲の人を威嚇する、カウンターで女子職員を脅す等）。

---

13) 鑓水三千男，中沢孝之，津森康之介『図書館が危ない！運営編：さまざまなトラブルとその対応について、法的観点をまじえて解説』エルアイユー，2005，237p．引用は各章タイトルより．

(4)わいせつ・セクシュアルハラスメント（館内でのつきまとい行為など）。
(5)閲覧・貸出ルールの違反行為（偽名で貸出カードを作成、返却の延滞など）。
(6)リクエストに関するトラブル（リクエストによる貸出手配後にキャンセル、県立図書館と重複してリクエストする利用者等）。
(7)図書館資料の汚損・損壊等（雑誌記事の切り取り、郷土資料の盗難、本に印をつける利用者等）。
(8)コピーサービスのトラブル（コピーの仕上がりが悪いとクレーム、著作権の範囲についてのトラブル等）。
(9)盗難事件（館内の備品の盗難、手荷物の盗難、防火用消火器の盗難等）。
(10)施設管理に関するトラブル：館内（館内で昆虫が飛び利用者からクレーム、トイレの落書き、子どものけが等）。
(11)施設管理に関するトラブル：館外（駐車場に放置自動車、自転車の盗難、降雪時に植栽が折れ車に被害等）。
(12)その他のトラブル（利用者と職員との話し声がうるさいというクレーム等）。

　これらのトラブルに直面した図書館では、現場に居合わせた図書館員が個々のケースに対応することになる。その場合、図書館員によって個別的で統一されていない対応をとってしまうと、さらなる二次的トラブルを引き起こす原因となる。図書館においては、個々のケースに対する法的理解と根拠をもって、組織的に行動することが大切である。大規模な公立図書館では、警備員を常駐させることが一般的になっているが、トラブルの内容によっては警察に通報する場合も起こり得る。
　普段からの対策としては、図書館における人的トラブルについても危機管理マニュアルを作成しておくことが望ましい。まず何をするべきか、何をメモするべきか、どこに電話するべきか、ケースごとに詳細に定めておくことが、ト

---

14) 小林昌樹「アメリカの図書館における危険管理の発展：個別的対策からリスクマネジメントへ」『図書館経営論の視座：論集・図書館学の歩み　第13集』日本図書館学会研究委員会編，日外アソシエーツ，1994, 214p. 引用は p.98.

ラブルを最小限にとどめるために不可欠である。そのさい、「リスクにさらされる人・物・活動の全てを洗い出してそこに潜在するリスクを発見する」[14]という作業が必要である。潜在的リスクを発見することは容易ではないが、この作業を通してトラブルを可能な限り回避し、その被害を最小限に抑えることが可能となる。

**参考文献**

清水隆，竹内比呂也，山崎榮三郎，吉田直樹共著『図書館と IC タグ：The application of RFID technology to library service』日本図書館協会，2005，124p.

中沢孝之「図書館の危機管理」『図書館界』vol.61，no5，2010.1，p.448-457.

―■□コラム□■――――――――――――――――――――――――

### 東日本大震災と図書館

　2011年3月11日、東北地方を震源とする未曾有の大地震が起こり、わたしたちの生活を一変させた。津波や放射能漏れの事故等による様々な被害は、自然災害の恐ろしさを改めて認識することになった。数多くの死者・行方不明者を出すと同時に、福島第一原子力発電所付近の住民は故郷を離れ、現在も不自由な避難生活を余儀なくされている。震災後、約2年の歳月が経過したが、未だ復旧・復興の道のりは険しいといわざるをえない。図書館の場合、建物や蔵書の被害はもちろんのこと、現職の図書館員が死亡あるいは行方不明という犠牲を出した。亡くなられた方々のご冥福を祈るとともに、日本の図書館史において決して忘れることができない出来事として銘記しなくてはならない。

　わが国では、図書館は不要・不急の公共施設とみなされがちであるが、震災後に図書館関係者は様々な取り組みを精力的に行ってきた。国立国会図書館では、2012年4月から「東日本大震災アーカイブ（仮称）」の構築・公開に向けて、今回の震災に関するネット上の様々な情報を収集しはじめた。官公庁が提供する情報のみならず、民間が提供する情報も収集対象としている。さらに、博物館・文書館と連携（いわゆる「MLA連携」）し、津波映像・写真・アルバムなどをアーカイブズ化する試みも開始された。

　震災直後の3月下旬の被災地では、復旧が十分な状況下ではないにもかかわらず、

利用者サービスを再開した公立図書館が現れた。ライフライン関連等、各種の情報を得るために新聞を閲覧する利用者、避難者名簿を縦覧する利用者など、これらの地域住民の情報ニーズに応えるべく、まずできることから図書館は取り組み始めた。公立図書館は地域社会の情報センターなのである。また、全国各地から寄贈された本を蔵書とし、被災地では仮設の図書館も作られた。避難所で不憫な避難生活を送っていた人々にとっては、読書によって心が癒された人々も多いのではなかろうか。ボランティアによる読み聞かせによって、子どもたちに笑顔が戻ったという報告もあった。

　図書館の使命は資料を永く保存し、利用者に提供することである。実は、このような地味な活動を着実に行うことが災害対策に寄与するのである。根本彰は次のように指摘する。「かつて英国の公立図書館を訪問したときに、開館した18世紀後半以降の250年にわたる地域的な歴史資料の蓄積があることに感銘を受けた。日本でも、もしその頃からの古文書が各地の図書館等に組織的に保管されていたら、江戸から明治にかけての大津波研究はもっと進められていたはずだろう」(根本彰「復興へ重要性増す図書館」、『読売新聞』2011年7月18日付（朝刊）)。今回の震災をわたしたちの社会的記憶として永遠にとどめるためにも、日本の図書館に課せられた任務は大きい。そのためにも、図書館を支える専門職の配置、そしてさらなる財政的支援は欠かせないのである。もちろん、文書館・博物館も同様である。

　　　　　　　　　　　　　　　　　　　　　　　　　　　　　　（安藤友張）

# 第9章　図書館経営の評価とマーケティング

　公共図書館（以下「図書館」）は大きな潜在能力と可能性をもっている。貧富の差を問わず、老若男女に対して、情報に平等に接する機会を提供している図書館。その存在は、個人が組織に縛られず、主体的に活動するフリーエージェント社会において非常に大きな可能性をもつ場である。

　また、図書館がもつ「知識の集積」を地域社会に活用していくことで、地域再生等、地域と社会の様々な課題が解決できる可能性がある。実際、図書館を利用した地域活性化やビジネス支援をはじめとした課題解決型図書館を目標としている館も増えている。一方、財政難等、国や地方自治体を取り巻く環境は厳しさを増しており、図書館経営においても予算削減等の状況下に苦慮している。

　このような状況のなかで、多様な住民のニーズや社会からの要請に応えつつ、図書館のもつ力を引き出し、最大限活用するためには、経営学によるアプローチが有効である。経営学的な視点とは、「あるべき姿に近づけるための様々な戦略を組み立て運営し、評価・改善を重ねていく」ことを指す。

　公共サービスへの経営学的アプローチは世界的潮流であり、日本においても1990年代以降、国や地方自治体での行政改革のテーマである。図書館においても例外ではなく、貸出冊数や来館者数、実施コスト等、図書館業務の事務事業評価、指定管理者制度を活用した経営改革等はその一例である。

　本章では、まず図書館をめぐる新しい潮流、特に経営学アプローチによる行政改革（New Public Management：NPM）の基本的枠組みと要素を提示し、評価の意義と役割について説明する。次に、評価を実施するために必要不可欠なマーケティングについて説明し、公共サービスへのマーケティングの適用につ

いて言及する。さらに、図書館における顧客価値についても述べる。

## 1 図書館経営をめぐる新たな潮流

### 1.1 公共部門での新しいパラダイム——NPM

　1970年代以降、自国経済の停滞、財政赤字の肥大化、公的部門の業績悪化に直面したイギリス、ニュージーランド、オーストラリアなどのOECD(経済協力開発機構)の主要国では、公共部門を縮小する、「小さな政府」を目指す改革を行った。

　具体的には、政府は市場と競合する政策領域から可能な限り撤退する、もしくは市場の自律機能に委ねるというものであり、公的企業の民営化等の改革策を通じ、累積赤字の削減などの効果を挙げた。1980年後半以降は、公共部門の業績改善、いわゆるマネジメント改革へと移行した。公共部門の効率的かつ効果的な運営、サービス提供を目標とする「民間委託」、執行部門を分離し、権限と経営責任を委ねる「エージェンシー化」、官と民を競争状態におく「市場化テスト」の実施等が行われた。様々な改革の結果、これらは「NPM」と総称する体系に集約される。NPMは各国の行政現場において効率化、効果的な運営を目指して行われた試行錯誤の結果を基に、理論や体系が組み立てられている。そのため、国や地域等により、その定義やアプローチに多少の違いはあるが、以下の四点に集約できる。

　(1)業績成果による統制と評価システム。
　(2)市場メカニズムの活用。
　(3)顧客起点。
　(4)権限の委譲と業績成果による統制。

　特に重要とされるのは「成果の重視」であり、効率的かつ効果的に成果の達成をめざす、いわゆる経営学的視点である。

経営とは一般的に営利組織である企業活動を対象とし、成長の持続のために「ヒト、モノ、カネ、時間、情報」という五つの経営資源をいかに活用するか、また、「いかに効率的に達成するか」を目的とする。教育と文化の発展に寄与することを目的とする図書館と、組織の成長や利益の獲得を目的にする企業では活動目的がまったく異なるように思える。確かに図書館は非営利組織である。実際、NPMが日本に入ってきた当初は、教育文化施設としての使命を果たす図書館は効率性の議論にはなじまないという反応があった。しかし、ここでいう効率性とは、「組織の目的をどうすれば効果的に達成できるか」を意味している。図書館においても、先述の五つの経営資源があり、その経営資源を有効に活用し図書館の使命を効率的に達成するために、経営学によるアプローチを実施することは有効なのである。「図書館の使命を達成するために、ヒトやモノなどの資源（司書、蔵書、ネットワーク等）をどのように組み合わせて最短かつ有効なプロセス、もしくは結果的にコストを削減できるかたちで、その目的を達成できるのか」を考えることである。さらに人的資源が縮小される状況下において、図書館サービスを維持、一方ではサービス拡充という課題に直面している。

　行政評価、民間委託、指定管理者制度の活用等、図書館をめぐる様々な取り組みは、このNPMと密接な関連がある。

### 1.2　公共組織の構造的課題へのアプローチ

　企業における経営手法をそのまま公共組織に適用できる訳ではない。まず、企業経営と公共組織での大きな違いに、業績やサービスに対するフィードバックの有無がある。企業経営は市場活動を通じてなされる。例えば、A社とB社の二つの企業が、同じ種類の商品を販売したとする。A社の商品がB社よりも、価格が安く、なおかつ品質が優れていれば、当然A社が繁盛し、B社は淘汰される。顧客がその商品やサービスに満足する。それが売上であり、成果である。市場が存在するということは、このように対価のやりとりを通して顧客のニーズをみたしているか（満足か、または不満足か）というフィードバッ

クが働く。

ところが、公共サービスは本来市場になじまないものを実施しているため、市場が存在せずフィードバックが働かないうえに、財源を税金というかたちで「先取り」している。物品の売買のように、現物の商品を見極めてから購入を決定し、対価（代金）を払うことができないし、返品もできない。図書館についても同様で、図書館のサービスに市民が満足しているかどうかは関係なく、またその図書館が市民にとって良い図書館であろうがなかろうが、利用率が高かろうが低かろうが、必ずしも予算配分には大きく影響しない。したがって、住民の意向やサービスに対するフィードバックが働かないことが多く、結果として、住民意識と乖離する危険性を孕んでいる。

さらに公共サービスは供給独占・地域独占で実施しているため、一般的に競争環境にはない。したがって、サービス活動を自ら改善するためのモチベーションは低くなる。また、供給独占のため無駄や非効率が発生しやすくなる。さらに、改革意欲の減退も引き起こしやく、改善への士気が働かない。このような様々な構造的課題に対して、業績成果を軸としながら、経営改革するアプローチがNPMである。

## 1.3　NPMによる行政運営

次に、NPMの四つの要素をより具体的に説明する。

(1) 業績・成果による統制と評価システム

公共組織は前述したように市場にあたるフィードバック機能が働きにくい。代金や売上に対応する成果指標がなく、成果そのものがあいまいな場合もある。結果として評価不在となり、改善や改革への報償システムも働きにくく、意欲も高まらない。したがって、成果を明示し、評価を含めたフィードバックが働くような仕組み、具体的には評価制度の構築が、業績・成果による統制の実現方法である。事務事業評価をはじめとした「行政評価」はその一例である。行政評価は様々な自治体で導入され、政策評価や施策評価など、何らかの評価を実施している[1]。

図書館においても、貸出冊数や来館者数、サービスコスト等を評価する事務事業評価が実施されている。さらに、評価制度の構築とあわせて、改善のためのインセンティブ・メカニズムが必要である。努力してコスト削減ができたのであれば、それに見合うリターンが「業績・成果による統制」には含まれている。

　たとえば、独立行政法人制度では、法人の努力によって、予算を節約し効率的な運営が実現できた場合、評価委員会の審議を経て議会が承認すれば、その節約分を資金として積み立てることができる。積み立てた資金は法人が自由に使用できる。図書館経営にこれを導入すれば、図書館が努力して成果を達成した場合、それに見合う資金などを配分することを意味する。図書館に限らず、このようなインセンティブ・メカニズムがない場合は単に予算削減だけが目的になってしまい、現場職員の改革意欲の減退を招き、成果達成のための努力も生まれにくくなる。指定管理者制度を導入している図書館の一部では、達成した成果に連動して委託料を支払うようになっているが、これはインセンティブ・メカニズムの実践例である。

　次に、成果達成のための「使命に基づく組織現場の裁量権の拡張」がある。業績・評価に基づいてフィードバックを実施するのであれば、現実の課題を解決する現場、つまり図書館長や図書館に権限を委譲する必要がある。

(2) 市場メカニズムの活用

　指定管理者制度の活用も業績成果による統制と密接に関連している。これは、効率的な行政サービスの実施のために、行政サービスを外部化する手法である。具体的には、同制度以外に、独立行政法人化、公的企業の民営化、市場化テスト、PFI、民間委託等があるが、市場原理の活用の本質は、行政サービスの最適な担い手による効率性の達成である。

---

1)「地方公共団体における行政評価の取り組み状況（総務省調査）」では、2010年10月1日現在で、「導入済み」とする都道府県98％、政令指定都市95％、中核市95％、特例市100％、市区78％、町村30％となっている。地方自治体全体では54.4％である。

(3) 顧客起点

　顧客起点とは、公共サービスの受け手である住民を顧客（customer）として捉え、顧客満足度を測定し、活動の基準にすることである。昨今、CS（Customer Satisfaction：顧客満足）という視点は、企業のみならず、大学等の教育機関においても重要視されつつある。

　考えてみれば、税金の払い手である住民は顧客であり、住民の視点や満足度を参考にしつつ行政サービスを考えることは、当然である。しかし、顧客起点の考えをとるにしても、住民の意向をそのまま受け入れることではない。たとえば、住民からの要求が高いからといって、ベストセラーの本ばかりを複本として数多く図書館に揃えることを意味しない。これまで、住民の視点が弱く、行政側の論理で構築していた行政サービスを顧客のニーズや満足度を参考に考えることを意味するのである。

　また、住民を一括りにせず、ターゲットとなる顧客を明確化し、区分けしてサービスを考えることも重要である。たとえば、図書館サービスの向上に関しても、貸出サービスを利用する住民、レファレンスサービスを利用する住民、対面朗読などの障害者サービスを利用する住民など、そのニーズや満足度は違う。サービスごとに顧客の属性を明らかにしてサービスを考えることが、資源の有効利用に繋がる。同時に、世代別・年齢別のサービス内容を考えることも重要である。乳幼児ならばブックスタート、高齢者ならば回想法[2]を活用したサービス等が考えられる。さらに、後述する東京都千代田区立図書館のように、仕事が終わったアフター５の時間帯に、ビジネスパーソンの利用率が高い図書館ならば、夜間の開館時間延長のサービスも必要である。

(4) 権限の委譲と業績成果による統制

　成果をあげるためには、業務単位に合わせ、どの組織単位が有効であるかを

---

[2] 回想法とは、イギリスの公共図書館などで取り入れており、高齢者に対して、人生の歴史や思い出を受容的かつ共感的な態度で聞きながら、当時の新聞等の資料を提示する手法である。昔の記憶が鮮明に蘇り、自尊心を向上させ、さらに認知症の予防という医学的効果があるといわれている。

検討し、その執行部門への権限を委譲させる。ピラミッド型の行政組織の階層をなくし、簡素化、フラット化させることも必要である。

たとえば、図書館経営に指定管理者制度を導入しても、選書の権限を指定管理者にすべて与えない事例がある。権限の委譲によって裁量権を付与し、業績改善のために行使できる権限の所在と、その権限行使についての責任の所在とを一致させることが求められる。

## 2　評価の意義と役割

評価の目的は大きく分けると、以下の三点になる。

(1)「アカウンタビリティ（accountability：説明責任）」を高める。
(2)管理プロセスや体制を改善する。
(3)資源の配分を改善する。

各地方自治体が行政サービスを実施する場合、納税者（住民）に対する説明責任が求められる。評価とは、マネジメントサイクルの確立である。マネジメントサイクルとは、「Plan（計画の立案）→Do（実行）→See（評価）」を指す。計画（Plan）を立て、実行（Do）した後、その結果を評価（See）し、改善を行う。次の新しい計画（Plan）に結び付けていく一連の循環サイクルであり、経営の基本的な考え方である。

図書館で様々な事業や取り組みを実施した後、そのままにせずに、当初の計画や目標どおりの結果が実現したのか、どんな成果が得られたのかなどを評価することが重要なのである。

仮に、計画や目標が達成されていない場合は、その原因は何であったのかを分析し、必要な改善を次年度以降の計画にフィードバックすることである。評価のみが単独で存在するのではなく、使命や目的を実現するためのPDSサイクルである。つまり、評価とは単に成果が達成できたか否かといった結果だけ

第9章　図書館経営の評価とマーケティング

を意味しているのではなく、使命や目的を達成できたかどうかを把握する手段である。

　図書館の場合、その設置目的は条例などに明文化されている。たとえば、ある市では「法の精神に基づき広く内外の図書、記録、その他必要な資料を収集し、整理保存して、一般の公衆の利用に供し、その教養、調査研究、レクリエーション等に資し、もって地方文化の発展に寄与する」と規定されている。この抽象的な目的を達成するための具体的な使命と中長期計画を立案し、実施した後、評価を活かし、マネジメントサイクルを回転させていくことである。

　また、評価においては、「投入（インプット）」「産出（アウトプット）」「成果（アウトカム）」の関係を評価する。インプットとはある事業を実施するために投入されたカネやモノをいい、事業の予算や職員の人件費などの各種資源を指す。アウトプットとは、実際に提供されたサービスや事業のことをいい、アウトカムとは事業実施により生み出された成果や効果のことをいう。また、インプットとアウトカムの関係においては、事業実施の効率性（投入した資源の効率的な執行）が問われる。アウトプットとアウトカムの関係においては、事業自体の有効性（実施した事業と得られた成果との有効性の確保）が問われる。何を行なったかではなく、その成果がどうであったのかが問われるのである。

　たとえば、図書館経営の評価指標であるが、以下のような計算式がある。

$$図書館の行政効果＝購入図書の平均単価×貸出冊数－総経費$$

　この場合、貸出サービスが主な評価対象となっており、きわめて一面的なアウトカム評価である。この数式では、レファレンスサービス等の利用者サービスの評価は対象外である。さらに、ある市立図書館の事務事業評価をみてみると、評価指標が「年間の利用者数」「利用者一人当たりの経費（年間経費÷利用者数）」となっている。この場合の、インプットは年間経費であり、アウトプットは年間利用者数であり、利用者1人当たりの経費は、アウトプット／インプットによる効率性を評価している。もちろん、年間の利用者数は図書館の

131

活用状況であり、年間の活動を把握するためにも大事であり、行政コストの把握は設置者として必要であろう。また、各年度の目標値として年間利用者数を掲げておりその達成度合いが評価されている。しかし、年間の利用者数から、PDSサイクルを回すための有効な情報が生まれるかに疑問が残る。去年に比べると利用者が多い少ないという情報にすぎず、目標値としている利用者数はどのように設定したのかについても不明である。

　つまり、年間の利用者数を評価指標とする意義、さらには利用者数を評価することで手に入れようとしているアウトカムや社会的成果が十分に明確化されていない。そのため、このままでは評価結果そのものの活用が難しい。

　以下のような場合は、どのように考えればよいのだろうか。

現状：子どもの本離れが顕著である。読書と学力低下の関連性も指摘されている。本市でも年々、小学生以下の図書館利用者は減少している。
計画：今年は、利用者のうち、特に小学校以下の利用者増をめざす。そのために子ども読書推進事業を実施する。
目標：小学校以下の年間の利用者数を3年間で500名とする（5年前の実績を目標値とする）。全国平均を基準とする。今年の目標値は150名。
結果：小学生以下の利用者は200名（目標値達成）。

小学生以下の子どもの読書推進を目的とし、利用者数を評価指標としている。この場合、利用者数を評価することで子ども読書活動事業の成果がわかる。また、詳細に評価を行うことで推進活動事業のうち、どの事業が効果的であったのかなどもわかる。

　仮に、目標値が達成されなかった場合には、その原因は何かを検討することで次年度以降の読書活動事業の変更などに示唆が得られる。これが、PDSサイクルである。設定する指標の意味を問う議論がないまま、単に評価指標を設定した場合、改善のためのフィードバックがもたらされないだけではなく、逆に、評価する手間だけが残る。評価のための評価になる。評価とは設定した目

標があるゆえに存在するのであり、評価単独では決してありえない。

「誰のために何を目指し、何をするのか」を定義し、「いつまでにどんな成果を手に入れるのか。そのために図書館の資源をどのように活用しどんな事業を実施するのか」、「どのようにして成果を測定するのか、その指標と評価方法は何か」を設計する。

このように、一連のプロセスを通じて使命や戦略計画の達成度を評価する。評価結果が計画や事業の改善の材料となる。事業の目的や成果、戦略計画とセットである。

### ③ 評価の実例
――東京都千代田区立図書館の場合――

千代田区立図書館は2007年度より指定管理者制度を導入し、図書館経営について評価を行っている。千代田区立図書館で実施されている評価は、以下の二つの点が明確である。

(1) 千代田区立図書館の果たすべき役割・使命が明確である。
(2) 設置者である区と指定管理者との責任分担が明示され、成果達成のための評価とマネジメントを試みている。

まず、役割・使命の明確化[3]については、2004年度から2年間にわたり、千代田区立図書館の果たすべき役割や将来構想を、図書館情報学研究者等の外部有識者も含めたメンバーで議論をしている（表9.1）。同図書館の場合、古書店街として全国的に有名な神保町が近隣にある。地理的環境における千代田区の

---

[3] 千代田区立図書館は「教育・文化・社会生活の発展に向けて、基本的人権としての知る自由を保障するため、千代田区民及び昼間区民への基本的な行政サービスとして、図書館サービスを提供することを任務とします。そのため、区内の大学、書店、古書店、文化施設等関連機関とも連携し、図書館サービスの充実に不断に努めます。その基盤となる理念として、「図書館の自由に関する宣言」（日本図書館協会，1979）に定める、資料の収集と提供の自由、個人情報の保護等を尊重し、実践します。」とミッションを明確化している。

表9.1　千代田区立図書館における指定管理者制度導入までの経緯

| |
|---|
| 2004（平成16）年<br>・「新千代田図書館の整備に関する素案」の作成<br>・外部有識者、関係者、区民からなる「新千代田図書館運営等検討会」の設置<br>2005（平成17）年<br>・他区図書館館長、研究者、図書館関係 NPO 等からなる「区立図書館における指定管理者制度導入に関する研究会」発足<br>・「新千代田図書館基本構想」策定<br>・「新千代田図書館におけるパフォーマンス評価指標設定に関する委託調査」実施<br>・「千代田文化資源システム検討会」設置<br>・「新千代田図書館における指定管理者導入（報告）について」<br>2006（平成18）年<br>・「千代田区立図書館整備基本計画」を策定<br>・「千代田区立図書館における指定管理者制度導入について」作成<br>・「千代田区立図書館条例」制定<br>・指定管理者選定委員会設置<br>・指定管理者の公募、選定、候補者決定<br>2007（平成19）年<br>・新千代田図書館開館<br>・有識者、関係者、公募区民からなる「千代田区図書館評議会」第一回開始<br>　指定管理者の評価に関する評価部会の設置 |

（出典）柳与志夫「公共図書館の変革：新千代田図書館の試み」『情報管理』Vol.50, No.8, 2007.11, 引用は p.492-500。

　文化資源システムをどう活かすのかという視点や、増加する昼間人口（千代田区内の企業・学校等に通勤通学する人々も含む）に対する図書館サービスのあり方など、貸出やレファレンスサービスという切り口に加え、多様かつ戦略的な議論を実施している。

　その後、運営は直営から指定管理者制度へと移行しているが、図書館としての方向性や使命についてしっかりと議論したプロセスを経ているので、指定管理者が実施すべき業務、運営実績に関する独自の評価指標が設定できている。また、委託費用も成果の達成に連動して決定するという、インセンティブも設計されている。

　評価は、①区の担当者による評価、②指定管理者の自主評価、③評価指標とその目標値に関する指定管理者と設置者両方の評価、④図書館評議会の評価と４層構造である。図書館の設置者である区の評価、委任先の指定管理者自身が

進捗管理や改善を目的とするために実施する自主評価、区と指定管理者相互のモニタリング評価、さらには、外部専門家による図書館評議会による評価も設けられている。

　区の担当者による評価は、指定管理者の実施状況や課題をヒアリングにより実施されている。指定管理者の自主評価は、主にサービスの利用者に対するアンケート調査を実施している。自館に所蔵していない関連古書の案内件数等は、神保町の文化資源活用に関連した指標である。これはレファレンスサービスの評価でもある。来館者数においても平日夜間の来館者数、サポーター・クラブ会員数等、特徴ある指標が設定されている。これらの評価指標をお互いの共通事項として、評価や協議を重ねながら毎年の業務改善のプロセスを生むことに評価のメリットがある。一般的に、指定管理者をめぐる課題としては、「官と民の責任分担の明確化」、「成果の明示」、「モニタリングの仕組みの確立」、「創意工夫のインセンティブが働く仕組みの確保」が挙げられている。そのためには、設置者である自治体側は、「施設のサービス内容と要求水準の規定」「モニタリング方法の設定（指標・仕組み）」「評価と業績に連動した支払い」が必要であり、受託した指定管理者側は「仕様書に記載された要求の実施に関する提案」、「事業開始後は事業戦略の策定」、「業務改善の取り組み」が必要であり、両者で毎年の成果や進捗をモニタリングすることが重要である。

　千代田区立図書館では、四つの評価でモニタリングを実施しているのである。モニタリングは、指定管理者制度を導入している図書館だけに必要なメカニズムではない。自治体の図書館においても、評価は、図書館としての目標や使命を明確化し、成果指標を設定し、その実現に向けて、「評価すること＝モニタリング」であり、それが評価の本質である。

## ４　公共サービスへのマーケティングの適用

### 4.1　マーケティングとは何か

　「マーケティング」という言葉は企業活動において、わたしたちがよく耳に

する言葉であり、モノを売るための調査や、広報・宣伝、販売促進活動などがイメージできる。

　マーケティングの定義は様々あるが、ここではフィリップ・コトラー（K, Philip）の「マーケティングとは価値を創出・提供し、他の人々と交換することを通じて、個人やグループが必要（ニーズ）とし、欲求（ウォンツ）するものを満たす社会的、経営的プロセス」とする。これには、かなり広い概念が含まれているが、「顧客のニーズやウォンツを見つけ出すこと」、「ニーズやウォンツに応えた価値を創出・提供すること」、「一連の社会的・経営的プロセス」の三点に集約できる。

　もしも、市場にモノやサービスを提供さえすれば売れるような場合、マーケティングの必要性は低い。何もしなくても売れるということは、提供しているモノやサービスが顧客のニーズやウォンツに適合しているからであり、時間とお金をかけて顧客のニーズを調査する必要はないからである。この場合は、営業活動のみを考えればよいことになる。しかし、市場がすでに成熟している時代において、ただ作って市場に出すだけでは売れない。たとえば、書籍販売にしても、紙媒体以外に電子書籍も射程に入れたマーケティングが必要となっている。顧客のニーズやウォンツがどこにあるのか、さらには顧客自身も気がついていない潜在的ニーズやウォンツを探り、すばやくモノやサービスを生み出していく必要がある。そこにマーケティングの必要性が生まれるのである。また、マーケティングは顧客のニーズ調査から購買活動の一連のプロセスだけではなく、顧客の期待を実現するための組織内での活動やすべてのプロセスをも含む。公共サービスにおいても、住民のニーズがどこにあるのか的確に把握し、組織全体でより良いサービスを提供していくことが求められている。そのため公共組織でのマーケティングの適用が有効である。

　たとえば、ある企業はポイントカードを発行し、レンタルDVDショップやコンビニストアなどにおける同一顧客の購買履歴を横断的に情報収集しながら、個々の顧客の趣味・嗜好を把握し、ニーズやウォンツを分析する。それらを販売促進や商品開発などの諸活動に役立てている。現代社会において、民間の

サービス産業は顧客情報を活用した様々なサービスを積極的に展開している。ただし、個人情報の漏洩やプライバーの侵害のおそれもあり、消費者からみれば、問題点があることを留意しておかねばならない。

## 4.2 公共における顧客価値

マーケティングでは、顧客のニーズや価値がその源泉となる。公共サービスにおける「顧客の価値」とは何であろうか。たしかに、個々の事業の利用者アンケートや満足度調査などを実施すれば住民のニーズは調査できる。しかし、アンケート調査は仮説の検証であり、さらには、政策立案時や選択時の価値基準が求められる。

大住荘四郎は、民間企業での顧客価値を参考に、公共サービスの市民価値として、「最高のサービス」、「最低の総コスト」、「きめ細かなサービス」、「新たな価値の創造」を挙げている[4]。「最高のサービス」とは新たな技術や機能を付加した製品開発など最高の製品やサービスを市場に提供することであり、行政サービスでは、高度医療などの卓越した技術や革新的なサービスの提供をいう。また、異なる公共組織や民間企業との政策連携による新たな政策の実現も含むと考えられる。「最低の総コスト」とは価格・利便性と製品・サービスや信頼を確保し、低価格で提供することである。行政サービスでは、すべての市民が共通に利用するサービスをより適正な価格で提供することをいう。「きめ細やかなサービス」とは個々の顧客に対応した質の高いサービスを提供することであり、行政サービスでは、一部の住民が享受するサービスや限定的なサービスなどを指す。「新たな価値の創造」とは、企業の製品やサービスを通じて社会的な責任を果たすことを指し、行政サービスでは市民参画や協働による新たな結果や価値が創出されることなどを指す。

この四つの価値を図書館に当てはめて整理し、それぞれの価値実現のための留意点についても述べよう。

---

4) 大住荘四郎「公共組織への市民価値に基づく戦略パターンの適用」『経済系』第232集, 2007.7, pp.40-41.

図書館における「最高のサービス」としては、例えば、ビジネス支援（起業・就業に対する支援）や地域活性化等の課題解決型図書館としての業務を指す。これらは、これまでの公共図書館の使命や施策体系からは大きく発展し、産業政策や地域再生といった新たな使命の設定である。
　「最低の総コスト」とは、幅広い図書の貸出とレファレンスなど、標準的な図書館サービスを効率的に供給することであろう。市民からの図書のリクエストがあった場合、購入以外の方法として、図書館間の相互貸借によって迅速に対応する等のサービスを実施することが具体例として挙げられる。
　「きめ細かなサービス」とは、市民の個別のニーズへのきめ細かな対応を充実させることを意図する。レファレンスサービス・レフェラルサービスを充実させ、市民の生活に関わる問題解決のための総合的な情報提供サービスであり、市民の個別ニーズに対応させる。具体的には、医療・法律情報の提供や、定年退職後の人生をより充実させるための生涯学習支援である。また、外国人への多文化サービスなども含む。
　「新たな価値の創造」とは、市民が自ら図書館の情報や資源を活かす「場」として、その機能を提供することであり、市民やNPO等に新たな価値の創造を期待することであろう。愛知県岡崎市では、図書館を核とする生涯学習複合施設「岡崎市図書館交流プラザ」をつくり、市民自らが学び、活動を通して交流し、活躍できる知的活動拠点としているが、図書館としての社会的使命の実現に貢献する公共図書館像であろう。
　このように四つの市民価値を公共サービスの戦略に転換することで、複数の戦略群のなかから実施する戦略を選択することができるが、すべての価値を実現が求められているわけではない。個々の自治体の環境分析から導かれる特性、図書館や地域での資源、図書館に対する期待やニーズから戦略を選択する。この場合、公共組織としての使命から導きだされる戦略、公共サービスとしての最低水準を確保するための戦略はその基本である。

## 5 協働・連携と図書館運営

### 5.1 関係性マーケティング

「関係性マーケティング」とは「売り手と顧客が相互作用、双方向コミュニケーションを通して信頼性を構築しながら、立場を超えて一体化することにより、新しい価値を創っていく」という概念である。大量生産したモノを一方的に市場に提供する、量を問うマーケティングから、消費者との対話やコミュニケーションを通じた相互作用のなかでニーズや新たな価値を創出する。つまり、質を問う「関係性マーケティング」へ転換したのである。

需要が潜在的に存在するという前提に立ち、ニーズを考えるのではなく、関係性マーケティングでは、顧客との交互作用的なコミュニケーション活動によって生まれるニーズは、企業と生活者とのあいだに共創的に発生すると考える。これは、自治体と住民との関係にも馴染みやすい。これまでの一方的に行政がサービスを提供するのではなく、住民参画や住民との協働により、双方向で行政サービスを考えていくことが求められている。ある大学図書館の事例であるが、館長と利用者（学生）が対面で懇談し、自由に意見交換をする機会を設けている館がある。双方向で図書館サービスの在り方を考えることができる取り組みであり、大学図書館以外の図書館の運営にとっても参考になる事例である。

### 5.2 住民参画の三つの局面

住民の参画や協働による新しい図書館については、図書館におけるテーマの一つであるが、「住民参画」には三つの局面がある。マネジメントサイクルそれぞれへの参画、「Plan への参画」と「Do への参画」と「See への参画」である。

(1) Plan への参画とは、どのような図書館でありたいかなど、Plan 作りをす

るときに市民を巻き込んで議論することである。
(2) Do への参画とは、ボランティアというかたちなどで住民が図書館の運営に参加することである。また、図書館の資源を使って地域社会へ貢献する活動を実施する。
(3) See への参画というのは、利用者という立場から図書館を評価することである。

　See への参画は、Plan への参画にもつながる。公共施設のなかには住民により施設評価を実施している場合もあり、住民の視点から評価指標を作成し評価を実施している。図書館の基礎指標（図書館の貸出冊数や経費等）は、住民にとって関心がないわけではないが、設置者である行政側にとって必要な情報である。住民からみれば、図書館における標準的なサービスの指標（貸出期間や貸出可能冊数等）や多種多様な図書館活動を通じ、結果として日々住民が何を感じ、地域社会に何がもたらされているのかが重要事項である。住民による評価指標を作成することは、図書館の戦略や実施計画について一緒に議論することになる。Do への参画は、市民価値でいう「新たな価値の創造」である。

　加えて、住民は「利用者の顔」、「納税者の顔」、「行動主体の顔」の三つ側面をもつといわれている。利用者の顔＝顧客であり、質の高いサービスを求めるのであり、サービス提供側は住民の求めるサービスが何かを把握することが求められる。納税者の顔は、自分の税金が有効に使われているかを求めるのであり、税金によって生み出された社会的成果を評価する。行動主体としての顔は、より住みやすい地域をつくることや地域課題の解決のために、みずからがサービスを提供する主体となり新しい価値を創造することである。たとえば、読み聞かせのボランティア活動を通しての住民参加がある。この場合は、行政側は住民の力を生かせる活動の場や方法の整備など、サポートやコーディネート機能が求められる。

　指定管理者制度を導入した場合、議会で承認されれば、「図書館サポーターズ」、「図書館友の会」等の市民団体が図書館の指定管理者として、図書館を運

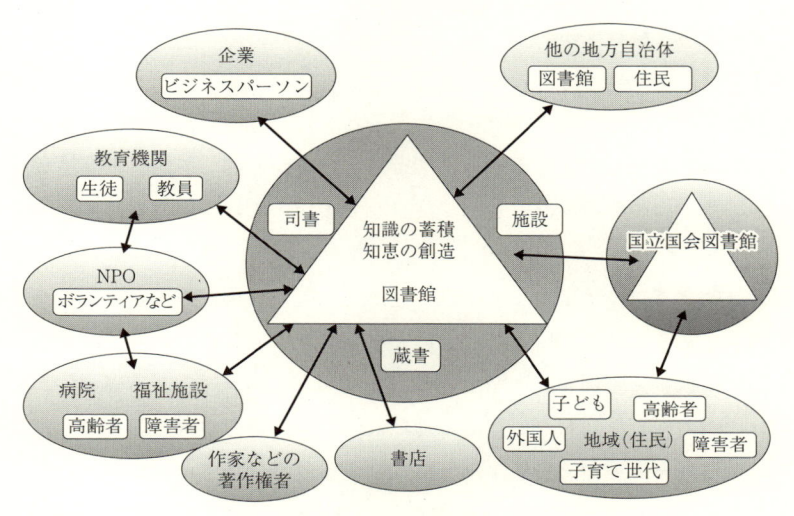

第9章　図書館経営の評価とマーケティング

**図9.1　図書館の連携・協働のパートナー**
（注）筆者作成。

営することが可能である。事実、2003（平成15）年の地方自治法改正後、そのような図書館の運営事例も登場している。

### 5.3　連携によるサービス提供

　企業では、統合や業務連携、合併等、効率的なサービスの提供のための経営改革を試みている。図書館においても同様であり、他の図書館、施設、機関等との連携によるサービスの実施が有効である。図書館間の連携については、現在も蔵書の相互貸借等を実施しているが、企画や広報を共同で実施をし、司書の研修活動等、さらに発展させることも検討できる。館種を超えた図書館コンソーシアムの事業が有効である（図9.1）。

　異業種との連携については、地域内にある美術館、文化ホール、学校、福祉施設、保育園等との連携により教育や地域福祉、観光、子育て等の機能の連携である。たとえば、ブックスタートの場合は保健所との連携、無料法律相談の場合は弁護士会との連携等である。このような活動によって、図書館がより社

141

会的な存在へと移行する。

　アメリカのデトロイト図書館は、ファーストフードショップと提携し、図書館の所蔵資料を読んでスタンプを集めた子どもに、褒美として食事をプレゼントする試みを実施した。このように図書館と企業が連携して読書推進活動を実施するのも一つの斬新な試みとして注目してよいのではないだろうか。

　経営学的アプローチによる効率性の達成と同時に、図書館の今日的役割をめぐる議論が必要とされている。評価はマネジメントのためにあり、評価を実施することは役割を整理し、戦略を作ることである。図書館のあるべき姿というのは、一つの像では語れない。その地域に応じて図書館が果たさなければならない役割は各々違いがある。また、時代によっても変化する。

　これからの図書館をどのように改革し、運営していくのか。市民も含めて、様々な関係者を巻き込んで議論を仕掛けていくことが、今後の図書館の可能性を左右する。「マーケティングは市民の不満に対応し、市民の認識を変え、社会を変革する」5)というコトラーの言葉は至言である。質の高い議論のためにマーケティングの活用は有効であろう。

**参考文献**

池上重輔監修，グローバルタスクフォース著『[図解]わかる！MBAマーケティング』PHP研究所，2003，95p.

大住荘四郎『ニュー・パブリック・マネジメント：理論・ビジョン・戦略』日本評論社，1999，228p.

小林真理編『指定管理者制度：文化的公共性を支えるのは誰か』時事通信出版局，2006，259p.

---

5) フィリップ・コトラーほか著，スカイライト　コンサルティング訳『社会が変わるマーケティング：民間企業の知恵を公共サービスに活かす』英治出版，2007，423p. 引用はp.29.

第9章　図書館経営の評価とマーケティング

■□コラム□■

## 図書館への寄付

　未曾有の金融不況等が原因で、税収は大幅減となり、国家及び地方財政は緊縮を余儀なくされている。そのため、現在、日本の各地方公共団体が設置する公立図書館は予算削減を強いられている。本書で取りあげた指定管理者制度やPFIというシステムは、そのような状況下において、効果的・効率的に図書館を運営するための手段の一つとして登場した。

　「貧すれば鈍する」。予算が少ないと、図書館サービスも低下しがちである。公立図書館をめぐる最近の話題については暗いトピックが多く、関係者が集まると元気が出る話は少ない。

　そのような暗い話題が多い図書館界であるが、ここで心温まる明るい話題を紹介しよう。2008年4月30日、山口県山陽小野田市立中央図書館の返却ポストに現金20万円が入った封筒が投函された。「自然科学分野の図書購入費にご利用下さるとありがたく思います」という添え状が同封されていた。津田恵子館長（当時）は「財政難で職員が一生懸命やってきたのを見てくれたのだろう。びっくりしたが、うれしい」（『朝日新聞』（朝刊）2008年5月2日付）というコメントを述べ、寄付者の希望通り、自然科学分野の図書購入に充てた。津田館長によれば、同館の2009年度の寄付総額は、約300万円であった（企業・個人から）。日本では、アメリカと違って、公共施設の図書館にお金を寄付する資産家はきわめて少ない。日本には「寄付の文化」が存在しないが、ここで紹介した図書館への寄付が今後増えてくれることを期待したい。なお、図書館側としては、篤志家に対して積極的に寄付を呼びかけることも必要であろう。

　2011年初頭、「伊達直人（タイガーマスク）」を名乗る人物が日本全国の児童養護施設に対して、金銭やランドセルなどの寄付を行い、マスコミで話題となった。この出来事が起きた最中、秋田県大仙市立図書館や大阪府岸和田市立図書館などに対しても、現金や商品券などの寄付があった。善意の輪は図書館にも広まった。連鎖反応のように起きた出来事が、「寄付の文化」を形成するきっかけとなれば幸いである。

（安藤友張）

| 第10章 | 図書館の管理形態の多様化（１） |
| | ——指定管理者制度 |

### 1　指定管理者制度とは何か

　わたしたちの日常生活では、図書館をはじめ、地方自治体が設置した様々な公共施設を利用している。公民館、博物館、体育館、プール、文化ホール、公園、病院、保育園等、枚挙にいとまがない。地方自治法では、それらの施設を「公の施設」と規定する。同法244条によれば、それは「住民の福祉を増進する目的をもってその利用に供するための施設」と定義されている。したがって、「住民の福祉を増進する目的」に適合しない施設であれば、たとえ地方自治体が設置者であっても「公の施設」ではない。具体例としては、留置場、競輪場、競馬場等の施設を挙げることができる。すなわち、社会秩序の維持や収益事業を設置目的としている施設は該当しない。なお、役所の庁舎も「公の施設」の範疇ではない。

　「公の施設」は、地方自治体が設置し、その管理運営も原則として当該自治体が責任をもって行うとされてきた。特に必要があると認めるときには、地方自治体ではなく、公共団体または公共的団体に委託することができた。1963（昭和38）年の地方自治法改正時に管理委託制度が導入された。1991（平成３）年の同法改正によって、第三セクターと呼ばれる団体にも管理委託することが可能となった。第三セクターとは、国及び地方自治体（第一セクター）と私企業（第二セクター）が共同出資して設立した団体・法人を意味する。2003（平成15）年の改正では、管理委託制度を廃止し、新たに指定管理者制度が誕生した。指定管理者制度とは、行政処分として、先述した「公の施設」の管理に関する権限を指定管理者に「委任」させ、管理運営を行わせるシステムである。行政

第 10 章　図書館の管理形態の多様化（1）

処分とは、行政機関が法人や個人に対して、法令に基づき、権利を与えたり、義務を負わせたりする行為（たとえば、許認可、租税の賦課等）である。同制度では、指定管理者になりうる者の範囲には、特に制限が設けられず、当該地方自治体から出資を受けていない団体、私企業等でも「公の施設」の管理を代行することが可能となった。

　稲葉馨が指摘するように、「指定管理者制度＝民営化」と解釈するのは不正確である[1]。なぜなら、指定管理者になれるのは多様な団体であって、民間企業に限らず、公共団体・公共的団体・第三セクターも想定した制度だからである。

　「公の施設」の設置であるが、図書館の場合は図書館法10条、博物館の場合は博物館法18条、公民館の場合は社会教育法24条といったように、地方自治法以外の法律（個別法）でも定められている。日本の場合、公立図書館の設置は任意であり、各自治体の判断に委ねられる。地方自治法149条7項によれば、「公の施設」の設置管理は地方公共団体の長の権限となっている。公立図書館は、地方教育行政の組織及び運営に関する法律においては教育機関と位置づけられている。よって、実際には同法23条によって、教育委員会の権限として図書館の設置管理が行われている。ただし、近年一部の少数の自治体では、図書館をはじめとする社会教育施設を首長部局へ移管する事例が登場している。

　すでに、本書の第6章第4節において、わが国で指定管理者制度が誕生するまでの歴史的経緯や当該制度の概要説明がなされた。本章では、最初に、「公の施設」の管理運営に同制度を導入する際の手続きを地方自治法の条文に照らしながら補足説明する。

　まず、条例で定めることが求められ（条例主義）、「指定管理者の指定をしようとするときには、あらかじめ、（中略）議会の議決を経なければならない」（244条の2第6項）。旧来の管理委託制度と比較して、議会が関与する度合が大きくなっている。同制度導入の前提として、「公の施設」の設置の目的を効果

---

[1] 稲葉馨「「公の施設」の指定管理者制度」『現代の図書館』Vol.42, No.4, 2004.12, p.240-247. 引用はp.244.

的に達成するため必要があると認めるとき」（244条の2第3項）という条件が付けられる。この「効果的に達成する」という文言であるが、「住民の福祉の増進に努めるとともに、最小の経費で最大の効果を挙げるようにしなければならない」（2条14項）という地方自治の基本原則を踏まえたものである。

　指定管理者制度が創設された背景には、1980年代からはじまった行政改革、政府の規制緩和政策、NPM の思想がある。さらに、深刻な財政危機を迎えている国や各地方自治体では、長期化する不況の影響により、歳入が激減し、いかにして歳出を抑えるかということが焦眉の政治課題となっている。北海道夕張市のように、財政破綻を招く自治体が今後も登場する可能性は十分ありうる（本書第12章参照）。歳入を増やすべく、消費税率の値上げ等の国の政策と同時に、歳出を減らす自治体の政策も不可欠である。地方財政を立て直す戦略として、公務員の給与カットをはじめ、指定管理者制度を積極的に捉える首長も多く、「公の施設」の運営経費削減が指定管理者制度の導入理由として大きな位置を占めている。

　ただし、注意すべき点は、「最小の経費で最大の効果を挙げる」という条文の文言からわかるように、指定管理者制度導入によって、経費削減と対住民サービスの向上を両立させなければならないのである。これが実現できない場合、制度導入の見直しが求められる。自治体による直営の方が「公の施設の設置の目的を効果的に達成する」のであれば、指定管理者制度導入は見合わせることになる。

　次に、同制度の実際の運用面をみていく。「指定管理者の指定は、期間を定めて行う」（244条の2第5項）となっており、一般的には3～5年間の指定期間を設ける場合が多い。毎年度、指定管理者は事業報告書を提出する義務がある。期間終了時に、自治体側は、提出された事業報告書に基づき、再度同じ団体に指定を行うかどうかを検討する。この場合、違う団体に変更することも可能であるし、同じ団体に継続させることも可能であるし、さらにいえば直営方式にすることも可能である。「指定管理者による管理を継続することが適当でないと認めるときは、その指定を取り消し、又は期間を定めて管理の業務の全部又

は一部の停止を命ずることができる」（244条の2第11項）とうたわれている。事実、いったん指定を受けたが、採算が取れず、やむなく撤退する企業の事例もある。

　指定管理者には法令上守秘義務が課せられないため、住民に関する個人情報の外部流出という問題が懸念されており、個人情報保護を強化する条例を制定するなどの対応が必要である。もし、指定管理者制度を導入した「公の施設」内において、施設の安全管理が不十分だったため、利用者である住民が事故に遭った場合、損害賠償責任は、指定管理者ではなく地方自治体に帰責する。国家賠償法2条「道路、河川その他の公の営造物の設置又は管理に瑕疵があつたために他人に損害を生じたときは、国又は公共団体は、これを賠償する責に任ずる」が適用される。

　指定管理者となりうる団体は、法令上特段の制限がない。個人は指定管理者になることはできないが、団体であれば可能である。ゆえに、暴力団のような反社会的集団、またはそれらと深いつながりをもつ企業などの団体（換言すれば、企業を隠れ蓑とする暴力団）が選定される可能性がある。それを未然に防止するためには、排除条例の制定などの対応がもとめられる。ただし、自治体住民である暴力団等の反社会的集団による「公の施設」の利用については、地方自治法が定めたように、正当な理由[2]がない限り、拒んではならない。

　指定管理者の候補者が、既得権益化した天下り先の自治体外郭団体である場合、選定過程においては透明性・公平性の確保が必要である。指定管理者選定は自治体内部関係者のみならず、外部有識者、住民代表が参画し、客観的に行うべきであろう。選定過程において、特定の団体が有利になるような不正がなされた事例も報告されている。

---

2)「正当な理由」の解釈であるが、具体的には、他の利用者に著しく迷惑を及ぼす危険があることが明白な場合や、利用規程に違反して施設利用する場合等が相当する。松本英昭『新版逐条地方自治法　第5次改訂版』学陽書房, 2009, 1588p. 参照は p.989.

## 2  公立図書館経営と指定管理者制度

　文部科学省は3年に1回の頻度で、「社会教育調査（指定統計第83号）」を定期的に実施している。直近の調査は、2008年度に実施された全国調査である。この調査結果では、社会教育関係施設のなかでもっとも指定管理者制度（管理委託制度も含む）の導入率が高いのが文化会館（50.2％）であり、次いで青少年施設（33.5％）、社会体育施設（32.0％）の順となっている。最も導入率が低いのが図書館である（6.5％）。図書館（公立図書館）は、博物館等の施設と違って、入館料を徴収することができないため、民間企業にとっては、高収益が期待できない、魅力少なきパブリック・ビジネスであることが背景にあると考えられる。ただし、2005年度と2008年度の調査結果を比較してみると、他の社会教育関係施設と同様に、図書館の場合も、指定管理者制度を導入する施設数が増加している（54施設から203施設へ）。なかには、島根県の安来市や出雲市のように、公立図書館に指定管理者制度を導入したが、直営に戻した地方自治体もある。ただし、このようなケースはきわめて少ない。今後も年を追うごとに、指定管理者制度を導入する公立図書館数が増加すると予測される。

　筆者は、2007年度までに公立図書館経営に指定管理者制度を導入した、すべての地方自治体（図書館を所管する教育委員会などの部局）とその図書館（指定管理者の団体に雇用されている館長）の両方を対象に質問法による郵送調査を実施した。以下、その調査結果を中心に基づいて叙述したい[3]。

　まず、指定管理者制度の導入理由について、自治体側は「経費削減とサービス向上という両方の目的を達成するため」という理由が最も高い（約8割）。単に経費削減のみを理由に挙げるのではなく、同時にサービスも向上させるということも理由として挙げている。しかし、経費削減とサービスの向上を両立さ

---

[3] 詳しい調査結果については、以下の拙稿を参照。安藤友張「公立図書館経営における指定管理者制度導入に関する現状調査」『日本図書館情報学会誌』Vol.55, No.4, 2008.12, p.253-269.

せることは、実際の図書館の現場側からみると決して容易ではない。経費削減とサービスの向上は二律背反の関係にある。図書や雑誌などの資料購入費を削減すれば、図書館サービスの要である資料提供サービスの低下に直結するため、削減対象となるのは人件費にならざるを得ない。サービスを向上させるためには人員の増加が不可欠であるが、職員1人当たりの人件費単価は総じて低くなり、低賃金の職員が増加する。図書館サービスをより充実させようと努力するあまり、所定の勤務時間内に仕事をこなすことができず、超過勤務手当が生じ、いきおい人件費が高くなる場合も起こりうる。

住民が満足する行政サービスの提供には、職員が自分の担当する仕事に満足しているかどうかが影響するという調査研究に基づく知見がある[4]。行政サービスに対する住民（図書館利用者）の満足度を高めるには、まず職員の仕事に対する満足度を高める必要がある。そのために、公契約条例[5]によって待遇などの労働条件を改善し、リビングウェッジ（living wage：適正な生活保障賃金）を確保する視点が重要である。日本図書館協会は、図書館事業の公契約基準の試案を独自に作成し、同協会のホームページで公表した。

次に、指定管理者の選定過程・選定手続きであるが、情報を公開していない地方自治体が約5割であった。約半数の地方自治体が選定過程に関する情報を非公開のままで公立図書館に指定管理者制度を導入した。さらに、約8割の地方自治体が住民からの意見を求める作業を一切行っていない。指定管理者制度を導入した地方自治体は、公立図書館の政策決定における住民参加を欠落させる傾向がみられる。指定管理者制度を導入するかどうかは、各地方自治体の選択によるものである。しかし、その選択過程において、図書館の設置者である地方自治体の説明責任が十分に果たされていない。図書館法で規定された図書

---

4) 淡路富男編『「行政経営品質」とは何か：住民本位の改革と評価基準』生産性出版，2001，303p. 引用はp.61.
5)「公契約」とは、地方自治体等の公的な機関を相手に締結される労働契約を指す。地方自治体等が発注する工事や委託事業等が主な対象。公共工事の下請け労働者や委託事業の労働者の賃金が低い現状を踏まえたもの。最低賃金法に定められた最低額以上の賃金確保等を公契約に謳うことを義務づけた、日本初の公契約条例を千葉県野田市は2009（平成21）年に制定した。

館協議会にまったく諮ることなく、制度が導入された自治体も多い。自治体によっては、情報公開条例を整備し、当該制度の導入状況や委任を受けた指定管理者自体に関する情報公開を積極的に行う場合もある。しかし、住民の知らないあいだに、図書館に指定管理者制度が導入され、その変化に利用者がまったく気付かないことも起こりうる。

指定管理者制度の特色は、設置者と管理者を分離した点にある。ところが、実際には同制度を導入しても、館長業務をはじめとする、すべての図書館業務を指定管理者が担っていない公立図書館の事例が存在している（全体の約2割）。つまり、当該公立図書館において、一部の業務は公務員が担い、その他の業務を指定管理者の雇用職員が担うという状況が生じている。「指定管理者制度は、基本的には、対象となる「公の施設」の管理を包括的に指定管理者に行わせることを想定」（下線は筆者による）[6]した制度設計というのが総務省の公式見解である。指定管理者に行わせる図書館業務の範囲を限定し、委任することは、指定管理者制度の本来の基本的趣旨にそぐわないといえる。また、東京都千代田区立図書館のように、1館の公立図書館に対して、3社の民間企業の指定管理者が委任されている事例もある。委任を受けた民間企業のそれぞれの得意分野（たとえば、広報活動）を生かした図書館運営や図書館サービスを実施しているが、異なった指定管理者同士の軋轢が懸念される。

筆者が実施した全国調査の結果から、指定管理者制度導入の主な意義として、意思決定の迅速化や弾力的な図書館経営が指摘できる。「ハンコ行政」と酷評されるお役所仕事では、新しい事業を行うにしても数多くの決裁印が必要とされ、あまりにも決定までに時間がかかりすぎるが、指定管理者制度によって、館長の迅速な意思決定に基づく図書館サービスの実施が可能となる。一方、問題点として、公立図書館が設置されている当該地域に、図書館員が定着せず、専門職の流動性が高まる点が指摘できる。その結果、郷土資料（地域資料）に通暁した司書の減少が懸念される。なお、この調査の自由記述の回答でも、「郷

---

6）成田頼明監修『指定管理者制度のすべて：制度詳解と実務の手引』第一法規, 2005, 271p. 引用はp.96. 本書は、総務省の職員が執筆した解説書である。

土資料に精通した職員の不在」という内容が教育委員会側から指摘されている。

## ③ 指定管理者制度をめぐる諸課題

　「公の施設」は時として、「箱物（ハコモノ）」と揶揄される場合がある。多額の税金を投入し、豪華な施設を建設しても、ハード面ばかりの整備が中心となり、ソフト面（とくに「ヒト」）がなおざりとなる傾向がみられることである。「箱物行政」という言葉もある。それは、文化施設でいえば、専門職である司書、学芸員等の人員配置を十分に行わず、「ハコ」を建設することが自己目的化し、事業の便益を考慮しない行政手法をさす。多目的ホールを建設しても、講演会・コンサート等のイベントがほとんど開催されず、稼働率がきわめて低い施設も多い。民間活力を利用する指定管理者制度は、自治体内部で高い専門性を有する人材を確保できない場合、外部の人的資源を活用できる。運用次第で「箱物行政」に対する起爆剤のような役割を果たすことが可能である。

　ジェネラリスト育成が主流となっているわが国の公務員の人事制度と司書の専門職制度が相容れない結果、公立図書館における正規職員の非専門職化・非正規職員の専門職化という現象を招いている。わが国における指定管理者制度の導入は、ジェネラリストとして処遇されている公務員による図書館運営の限界を克服しようとする方策として期待する向きもある。司書資格をもたないジェネラリストの公務員による経営は、「質の高い専門的なサービスを提供しなければならないという使命感に欠けている事例も多い」[7]。直営方式の公立図書館経営に対する現状批判がある。

　法改正後、全国において、さきがけて指定管理者制度を導入した、ある政令指定都市の首長は、指定管理者制度導入によってサービス向上し、図書館が変わったという住民の声を踏まえ、同制度の意義を説く。しかし一方で、図書館の職員集団と利用者集団との関係性をどのように捉えるべきか。それによって

---

7) 南学「地方自治体の経営と図書館」『図書館・アーカイブスとは何か　別冊環⑮』藤原書店, 2008, p.118-127. 引用はp.127.

当該制度に対する評価も大きく異なる。

　図書館サービスを商品化する私企業ではなく、地域住民の有志が組織した団体が指定管理者となり、住民自治の理念に基づき、住民自らが運営主体となった事例は注目してよい（たとえば、新潟県見附市立図書館の指定管理者である見附地域情報研究会）。このような住民直接参加型の指定管理者制度導入の事例は数少ないが、見附市立図書館は当該制度の長所を生かしているといえる。近年、政策用語として頻繁に使われる「新しい公共」の概念に含まれる事例の一つである。公共サービスを享受する顧客となることだけが住民の果たす役割ではない。指定管理者に対する評価にしても、自治体職員だけによる評価ではなく、住民が評価活動に参画できるシステム作りが大切である。

　営利を追求する私企業にとって、指定管理者制度はビジネス・チャンスとも受け取れるが、入館料を徴収できない図書館のような文化施設では管理運営に創意工夫が求められる。指定管理者制度やPFIは、官製市場の民間開放を実現した新しいシステムである。地域経済の活性化、雇用創出などの経済的効果が期待されるが、「官製ワーキングプア」などの非正規職員の待遇問題も生じており、多くの課題が残されている。

　「木を見て森を見ず。森を見て木を見ず」という諺の通り、指定管理者制度を導入した図書館の個別具体的事例を精査すると同時に、全体像も正確に把握しないと指定管理者制度の本質を見誤る危険性もある。客観的なデータに基づき、全国各地の公立図書館における導入実態を見据えながら、「あくまでも選択肢としての指定管理者制度」という視点を図書館政策において忘れてはならない。公立図書館経営における指定管理者を選ぶ選択肢は一見広いようであるが、各地域の事情に応じた、適切な指定管理者の存在は多くないのではなかろうか。

　指定管理者制度は第一ラウンドから第二ラウンドの時期に入ったといえる。試行錯誤しながら図書館に同制度を導入したり、あるいはいったん導入を試みたが、数年後に直営方式に戻す自治体などもある。指定管理者制度、PFI、直営など、図書館の管理運営形態には様々な選択肢があり、どれが最適であるの

かを各自治体が時間をかけながら慎重に判断しなくてはならない。図書館利用者である住民との対話を重ねつつ、より良き選択肢を選ぶことが各自治体の図書館関係者に求められている。

**参考文献**
安藤友張「指定管理者制度と公立図書館：現状と課題」『同志社図書館情報学』No.23, 2013.1, p.30-57.

---

■□コラム□■

### 武雄市立図書館における指定管理者制度の導入問題

　近年、新聞・テレビをはじめ、各マスコミがすでに何度も繰り返し報道したように、指定管理者制度導入をめぐって、全国的に注目されている公立図書館の事例がある。それは佐賀県武雄市立図書館である。武雄市は、佐賀県西部に位置する人口約5万人の小さな自治体であり、観光としては温泉が知られている。この地方自治体では、Facebookなどのソーシャル・ネットワーキング・サービスを巧みに活用し、行政サービスの改革に取り組んでいる。樋渡啓祐は、市長就任以来、マスメディアにしばしば登場し、武雄市のセールスマンとして、積極的に自ら動き、様々な改革に取り組んできた。彼は、大阪の橋下市長、名古屋の河村市長など、昨今の「改革派市長」の一人であるといってよい。類まれな発想力をもつアイデアマンの首長である。

　このやり手の樋渡市長が公立図書館の改革に着手した。2012年5月の記者会見で、同市立図書館に指定管理者制度を導入し、TSUTAYAを全国展開するカルチュア・コンビニエンス・クラブ（以下、CCC）に図書館運営を委任することを発表した（2013年度から導入）。全国の図書館関係者にとって衝撃的なニュースであった。地元住民や同市立図書館関係者にとっても、寝耳に水の出来事で、まさに青天の霹靂であった。この記者会見以降、様々な論議が巻き起こった。日本図書館協会もこの問題に対する見解を出した。

　今まで指摘されてきた主な論点（争点）は、図書館利用者の個人情報保護である。CCCは「Tカード」と呼ばれるポイントカードを管理する民間企業である。自動貸出機によって図書を借りた場合、自動的にポイントが貯まるというシステムが導入される。現在の計画案では、従来の図書館利用カードと「Tカード」の2種類に分けて、どちらを選ぶかは利用者の自由意志に委ねられている。貸出履歴等の個人情報流出の

懸念（本人の同意なき、貸出履歴の二次利用など）は払拭できないが、2012年現在は、あくまでも計画段階であるため、制度導入後（実施後）、改めて検証する必要がある。ちなみに、2012年11月7日の国会内閣委員会（衆議院）でもこの問題は取り上げられた。これに関して、詳しい論評を述べるのは差し控えたい。

　むしろ筆者は、武雄市立図書館に指定管理者制度を導入するまでに至る手続きや経緯に大きな問題点があると考えている。指定管理者制度を導入するために、まず条例改正が必要であり、指定管理者の選定も議会の承認が必要である。

　今回の事例であるが、条例改正前に市長がCCCの社長と基本合意の契約を締結した。この手続き自体、地方自治法に違反しないと解釈するが、事前に、図書館協議会、市議会、教育委員会、住民等、市立図書館の様々なステークホルダーの意向を全く訊かずに独断で実行した。樋渡市長（当時）の政治手法は、斬新なアイデアをマスメディアで発信し、既成事実を作ったうえで、後で議会や住民からの了承を得るという点にその特徴がある。自分は選挙で選ばれたのだから、様々な施策の立案・実施は白紙委任されているというスタンスである。もし、問題があれば、「選挙で信を問う」というのが彼の主張である。図書館への指定管理者制度導入については、議会で条例改正され、指定管理者としてCCCに委任することが決定したあと、住民アンケート調査を実施した。しかし、その住民アンケートの質問項目では、指定管理者制度導入の是非を問う内容が含まれていないのである。調査内容自体にも問題がある。他の自治体の事例を紹介すると、名古屋市の場合、2013年度から分館1館に、指定管理者制度を試行的に導入することが決定したが、議会で諮る前に、指定管理者制度導入の是非を問う住民アンケートを実施している。手続きとしては、名古屋市の方が妥当である。武雄市の場合、2012年5月の記者会見後、住民対象の説明会を実施しているが、なぜ急いで図書館に指定管理者制度を導入し、しかも公募による選考ではなく、首長による独断で候補者を1社（1団体）に絞りこむ合理的理由があったのか。この点について、樋渡は十分な説明責任を果たしているとは言い難い。時間をかけて議論をする余地は十分あったはずである。指定管理者制度導入をめぐって、地元住民の間でも賛否両論があるなかで、同市では「武雄市図書館・歴史資料館を学習する市民の会」が結成された。今後の市立図書館のあり方に対する住民の関心も急速に高まっている。

　公立図書館への指定管理者制度導入であるが、その導入手続きにおいて、指定管理者を公募しなかったり、パブリックコメントを求めなかったり、様々な問題点があるのは、実は武雄市に限ったことではない。表面化していないだけで、図書館の場合、住民などに対して詳しい広報活動を実施せずに、同制度の導入手続きをとっている地方自治体は少なくない。

　武雄市立図書館の場合、首長の強力なリーダーシップによって指定管理者制度導入という施策が実施された。従来は教育委員会の管轄とされてきた公立図書館であるが、

第 10 章　図書館の管理形態の多様化（1）

その管理や事務執行を首長部局へ移管する自治体の動きが近年見られる。これによって、図書館施策の立案・実施において、首長の意向が反映されやすくなる。しかし、社会教育の政治的中立性が担保されるとは言い難い。

　公立図書館の経営改革は、マスコミ受けするような奇抜なアイデアによるのではなく、人類における長い図書館の歴史に学びつつ、類縁機関の博物館等との関係をより強固にするという基本に忠実な考え方もある。武雄市の場合、図書館と博物館が併設されている公共施設である。MLA（Museums, Libraries, Archives）の連携の重要性が叫ばれる昨今、これに公文書館機能が追加されれば、先進的な日本の公立図書館の運営事例になる可能性を十分もっているといえるのではないだろうか。ところで、樋渡啓祐は、2015年1月の佐賀県知事選に出馬するため、市長の職を辞した。彼の強引な政治手法が同県内の自治体首長などから厳しく批判され、落選となった。その後、彼は政界を離れ、CCC の子会社の社長に就任した。市長としての彼が残した負の遺産は、住民訴訟の対象となり、現在、係争中である。

（安藤友張）

# 第11章 図書館の管理形態の多様化（2）
―― PFI と市場化テスト

　近年、公立図書館は、情報化、少子高齢化、国際化といった急激な社会構造の転換によって、利用者の多様化・高度化するニーズに対応することが求められている。他方、1990年代後半から、政府の「構造改革」政策によって、「官から民へ」の動きが加速している。こうした流れのなかで、図書館政策についても、従来の図書館や教育の論理ではなく行財政や経済の論理から検討されるようになった。そのため、公立図書館の設置者である地方自治体は、「ヒト」、「モノ」、「カネ」といった経営資源を効率的に活用することで、図書館サービスを維持・向上できるような運営方法を模索しはじめた。

　本章では、こうした状況下で導入がはじまっている PFI と市場化テストを取り上げ、導入の背景を明らかにしたうえで、それぞれの概要、事例、課題を述べる。

## 1　PFI と市場化テスト導入の背景

　英国では、1970年代後半から、いわゆる「英国病」によって、財政赤字や行政組織が肥大化し、社会全体の活力が低下していた。そのため、サッチャー政権は、「市場原理と小さな政府への回帰」を目標に、経済・社会を活性化させるための様々な手法を試行した。PFI と市場化テストは、英国における一連の行財政改革の流れをくむものであった。

　1980年、サッチャー政権は、中央政府が指定する自治体の業務について、地方自治体と民間事業者の入札を義務づける強制競争入札制度（Compulsory Competitive Tendering：CCT）を導入した。

第 11 章　図書館の管理形態の多様化（2）

　その後、メージャー政権は、国民を「顧客」と捉えて、顧客の利便性や快適性を重視した公共サービスを行うべきであるとして、市民憲章（Citizens Charter）を発表した。市民憲章では、従来、公共部門が提供してきたサービスや公共施設の建設・運営を民間企業に委ね、政府はサービスの購入者になるという方向性が示された。その結果、公共事業における発注者重視の姿勢が利用者重視へと大きく転換することになった。こうした状況のもと、1991年に市場化テストが、1992年には PFI が導入された。

　1997年、ブレア政権は、効率性だけでなく公共サービスの質や、公民連携を重視する政策に転換した。そのため、CCT は廃止され、投入資源に対してもっとも高価値な行政サービスの提供を目的としたベスト・バリュー制度が導入された。また、PFI にも新たな局面が付加された。これまで、PFI は民間事業者による資金調達額を公共の債務とみなさない手法として注目されてきた。ブレア政権下では、この考え方を継承しながら、新たに全事業期間にかかる総コストを現在価値に換算した LCC（Life Cycle Cost）において、投入した税金に対する公共サービスの価値を示す VFM（Value For Money）の向上を目指した。その結果、官民が得意分野の事業を分担・管理することの重要性が高まった。ブレア政権は、この新たな概念を従来の PFI と区別し、公民連携による公共サービスの提供を行う PPP（Public Private Partnership）と呼んだ。

　PFI や市場化テストの理論的背景には、ニュー・パブリック・マネジメント（NPM）の考え方がある。NPM とは、1980年代中期以降、英国やニュージーランドなど、アングロ・サクソン系諸国を中心に行政実務の現場をとおして形成された革新的な行政運営理論である。この理論は、民間企業で用いられた経営理念・手法、成功事例等をできる限り行政現場に導入することによって、行政部門の効率化と活性化を図ることである。NPM の政策執行の一形態として、PFI や市場化テストが位置づけられる。

　日本においても、財政悪化や公共サービスの高コスト化等を背景に、1990年代後半から、こうした先進事例を踏まえ、PFI や市場化テスト等、公共サービスを民間に開放するための構造改革システムの検討・導入がなされた。

## 2  図書館とPFI

### 2.1  PFIの概要

　PFIとは、公共施設等の建設、維持管理、運営等を民間の資金、経営能力及び技術的能力を活用して行う新しい手法である。民間の経営資源を活用することによって、効率的、効果的にサービスを提供し、国や地方公共団体の事業コストの削減、高品質な公共サービスの提供を目指すものである。

　図11.1は、PFIの事業体系の一例を示したものである。公共部門は、まず、要求するアウトプット仕様（公共サービスの内容と達成すべき品質等の性能を記したもの。以下、要求水準書という）をまとめ、民間事業者に提示する。民間事業者は、創意工夫をこらし、要求水準書に即した提案を行う。そして、競争的な入札手続きを経て選ばれた民間事業者は、事業を実施する主体となる特別目的会社（Special Purpose Company：SPC）を設立する。SPCは、発注者である公共部門とのあいだで想定されるリスクを明確にしたうえでPFI事業契約を締結し、施設の設計・建設・資金調達・運営といった事業のライフサイクルを一括管理し、公共部門や住民にサービスを提供する。その結果、SPCは、公共部門からサービスの対価を受け取り、施設の維持管理会社、事業の運営会社等へ支払いを行う。このスキームは、資金回収が公共部門の支払うサービスの購入対価によって行われるため、サービス購入型と呼ばれる。運営期間は、多くの場合、20年から30年の長期にわたり、公立図書館におけるPFIも同様である。

　PFI導入を決定する要因は、VFMを達成できるか否かにある。具体的には、先述したPFI事業でのLCCと同様のサービスを公共部門で行う場合の見積もりである公共セクター比較値（Public Sector Comparator：PSC）との比較を行う。その結果、図11.2に示すように、PFIが公的財政負担を軽減できる場合、VFMの達成が見込まれるため導入に至る。また、VFMは単なるコストの削減ではなく、サービスの価値を最大化する観点から評価される。そのため、公共部門は、要求水準書に見合った性能を民間事業者が発揮しているかをモニタ

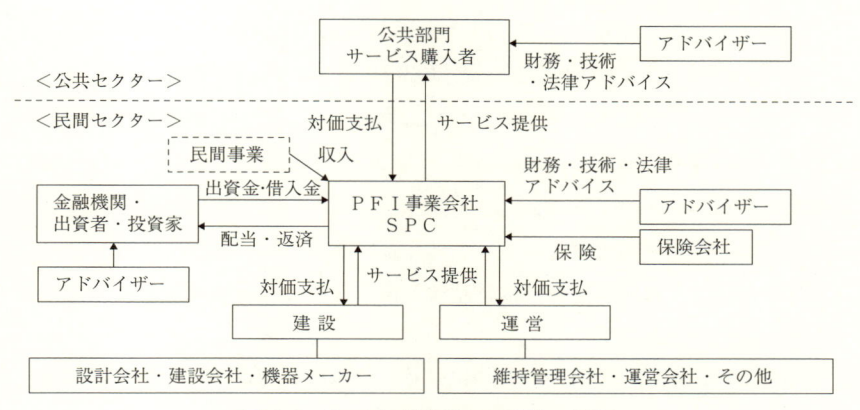

第11章　図書館の管理形態の多様化（2）

**図11.1　サービス購入型PFI事業の仕組み**
（出典）野田由美子『PFIの知識』日本経済新聞社，2003，202p. 引用はp.79.

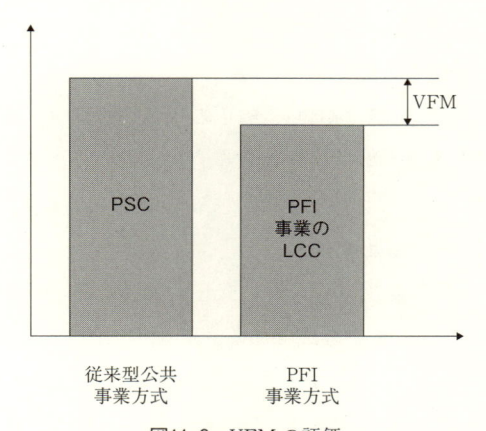

**図11.2　VFMの評価**
（出典）浜野道博「PFIと公共図書館」『情報の科学と技術』
Vol.51, No.7, 2001.7, p.386-390. 引用はp.387.

リングし、その結果を踏まえて支払額を増減させ、民間事業者からのサービス提供をコントロールする。

## 2.2　日本の現状

　日本では、低迷する経済状況下の1997年、経済対策閣僚会議において、新し

159

い社会資本整備の一手法として、PFI 導入の検討がはじまり、1999年には「民間資金等の活用による公共施設等の整備等の促進に関する法律」（平成11年7月30日）（PFI 法）が制定された。そして、2000年には、PFI の理念とその実現方法を示した「基本方針」が、内閣総理大臣によって策定され、PFI 事業の実施に関する枠組みが整えられた。

　PFI による事業実施方針を策定・公表している事業数は375件である（2010年12月31日現在）。これらの特徴には、庁舎・宿舎などの公用施設や教育文化・社会福祉等の公益施設といった、いわゆる箱モノ事業が多いことが挙げられる。

　日本では、PFI 導入の目的の一つに財政支出を抑制しながら、社会資本を整えられることがあるが、これは PFI のメリットの一つである。財政支出の軽減と平準化を活かしたかたちとなっている。一方、英国では、公共事業において最も効果的な方法を用いて、ベスト VFM を生むことが目的とされ、PFI はそのための手段と認識されている。

　このことは、日本と英国における PFI の事業方式の違いにも表れている。日本では、PFI による運営期間中、施設を官民どちらが所有するかという視点から、事業方式に主として、BOT（Build Operate Transfer）方式と BTO（Build Transfer Operate）方式が使われている。

　BOT 方式は、民間事業者が所有権を有し、施設に伴う一切のリスクを管理しながらサービスを提供する方式である。英国の PFI でも一般的に使われており、本来の PFI 事業の方法であると言える。

　一方、BTO 方式は、施設建設後に所有権を公共部門に移転し、民間事業者が事業期間終了時まで施設の維持管理と運営を行う方式である。BTO 方式の場合、公共部門は完工時に施設を購入するため、その購入代金を支払う義務が生じる。通常、この費用は、割賦方式によって、事業契約期間中に延べ払いで支払われるが、公立図書館の整備事業においても、大半が BTO 方式を採用している。しかしながら、この方式は、リスク移転や業績連動払いなどによって VFM を実現する PFI とは整合性を欠くため、英国では使用されていない。

## 2.3　PFI の導入事例——桑名市立中央図書館

ここでは、わが国の公立図書館で最初に PFI が導入され、先駆的な事例となっている三重県桑名市立中央図書館を取り上げる。

### (1) 導入の背景と経緯

桑名市は2004年の市町村合併（旧：桑名市、多度町、長島町）により、人口約14.3万人（2012年現在）となった名古屋のベッドタウンである。

近年、桑名市では、人口減少と高齢化の進行から、市街地での活力が低下する傾向にあった。特に、教育文化施設は、老朽化や狭隘化が顕著となり、多様な市民ニーズへ対応するための再編・整備が課題となっていた。こうした状況を踏まえ、「桑名市中心市街地整備構想」（1989年度）では、公共施設を中心とした市民サービスの拠点として、桑名駅前を整備することになった。さらに、「第4次桑名市総合計画」（1998～2007年度）では、図書館を総合的な生涯教育施設の拠点と位置づけ、効率的で節度ある財政運営を図ることが課題とされた。

以上のような背景のもと、1999年、桑名市 PFI 推進検討会が設置され、PFI 導入に向けた検討がはじまった。同年、PFI 法が制定されたことを受け、「新・桑名市行政改革大綱」（2000年度）では、PFI を行財政改革の一環として位置づけることになった。その後、桑名市は PFI 導入可能性調査の結果を踏まえ、2001年、桑名市図書館等複合公共施設特定事業提案審査委員会を設置し、事業者選定を開始した。

### (2) PFI の概要

審査委員会は、2002年4月、総合評価一般競争入札方式によって、SPC（桑名メディアライヴ株式会社）を選定し、同年6月に契約を締結した。この入札は、価格だけでなく、その他の条件を総合的に勘案して、落札者を決定する方式である。同事業では、民間活力の導入による効率的な運営のもと、図書館や保健センター等の既存施設を複合化し整備することによって、公共施設の機能充実を図ることを目的とした。こうして、2004年10月、「くわなメディアライヴ」

が開業した。

　SPCは、一般に運営業務を専門の会社に委託することによって事業を進めていく。桑名メディアライヴ株式会社は、図書館運営業務については、図書館運営を専門に請け負う会社と、地域のシステム開発会社に委託した。PFI導入の決定要因となるVFMは、桑名市が直接実施する場合と比べて、事業全体で21億5,200万円（約22.0％）の削減効果が認められた[1]。事業方式はサービス購入型であり、事業期間は30年間、施設の所有形態は、BOT方式である。

　桑名市では、①日常、②定期、③随時のモニタリングが実施されている。①と②のチェック項目には、図書館運営業務も含まれ、総括的・サービス部門・資料管理・図書等購入の各業務が対象となる。①では、市側は民間事業者が毎日、自主的に行うチェックを確認する。②では、市側は設定したチェック項目にしたがい、月に1回、民間事業者による業務の実施状況を確認・評価し、要求水準書で定めるサービス水準の確保に努める。③では、市側は日常業務ならびに緊急時・非常時に生じた問題に、民間事業者が適切に対応しているかを確認し、円滑な事業継続に努める。

　桑名市の事業方式は、先述したサービス購入型である。そのため、事業費は、民間事業者が提供するサービスに対し、市側がサービス対価を支払うことで回収される。その際、先述のモニタリングが、サービス対価の算定見直しとも連動しており、重要な評価作業となっている。桑名市では、民間事業者のインセンティブを高めるために年間の図書館利用者数を8段階に分け、12万5,000人を基準とし、その増減をサービス対価へ反映している。

(3) 図書館サービスの概要

　桑名市立中央図書館では、「いつでも、どこでも、誰でも利用できる図書館」を基本理念とし、その実現に向け、開館時間の延長や開館日数の増加、情報通信技術への対応を行った。こうした対応には、スタッフ数の増員や専門知識を

---

1) 桑名市長水谷元『桑名市図書館等複合公共施設特定事業の客観的評価の公表』http://www.city.kuwana.lg.jp/index.cfm/25,10160,208,c,html/10160/6_14.pdf,（参照2013-1-25）.

もった人材の確保が必要となるため、従来の直営方式では実現が難しかった。しかし、PFI導入によって、開館時間帯に応じた柔軟な人員配置と専門知識をもった人材確保が可能となった。

現在の桑名市立中央図書館では、開館時間はPFI導入以前と比べ4時間延長された。開館日数や資料の貸出も延長、増加している。

図書館運営業務は、市職員と事業者側職員との分担が明確になっている。市職員は、理念・目的の策定やモニタリングの実施等、図書館運営の根幹にかかわる業務、サービス方針の策定や資料の選書・収集方針の策定ならびに受入の決定を行う。一方、事業者側職員は、コンピュータシステム全般にかかわる業務、利用者サービスと資料管理にかかわる業務を担当する。この他、業務のなかには、郷土・行政資料の収集と整理等、市職員と事業者側職員との協働事業もある。

スタッフは、三交代勤務によって図書館を運営している。スタッフの能力や技能を高めるための研修は、館内整理日に集合研修のかたちで、桑名市と民間事業者それぞれで行われている。

## 2.4　PFIの課題

PFIの導入では、公共部門が民間のノウハウを最大限に引き出せるよう、入札前に民間事業者に委託すべき業務を十分に検討することが求められる。そのうえで、官民がお互いの得意分野を担えるよう業務の配分を行い、官民のよりよい関係を構築できれば、最善の事業運営が可能となる。

その際、公共部門が本来業務を担い、民間事業者は専門性をもつ支援業務に徹することが重要となる。図書館業務における本来業務とは、レファレンス、購入図書の選書、会計・人事等の管理運営、折衝等の業務である。英国のPFIでは、こうした本来業務は公共部門自らが実施し、民間事業者への委託業務には含まない。一方、日本のPFIでは、条例さえ議決されれば、本来業務も民間事業者へ移転可能である。

今後の公立図書館の運営を検討するうえで、図書館業務の根幹にかかわる本

来業務を民間事業者に任せることの是非は、慎重に検討する必要がある。検討は、利用者に提供するサービスの品質、図書館員の能力・資質などの観点から行い、公共部門がこうした品質、資質を今後も継承でき、それらを評価できるよう配慮することが求められる。

　一般に、PFI導入に際して、次のような問題点が指摘されている。第一に、長期契約のなかで生じる様々な変動を予測した契約が、現実的に可能であるかという点である。第二に、桑名市でも採用された「総合評価一般競争入札」は、入札公告時に提示条件の変更、応札者との交渉ができないため、民間のアイデアや優れた提案を生かせず、VFMの最大化が図りにくい点である。

　PFI導入にあたっては、あらかじめ想定される課題や問題点を認識したうえで、導入に伴うデメリットやリスクを減少させることが重要となる。

## ③　図書館と市場化テスト

### 3.1　市場化テストの概要

　市場化テストとは、従来、官が独占してきた行政サービスを、官と民とが対等な立場のもとで入札に参加し、価格と質の両面において、もっとも優れたものが当該サービスの提供を行う制度である。つまり、市場化テストは、行政サービスに関する官民競争入札制度と捉えることができる。

　主な目的には、公共部門の効率化・スリム化、民間の経営力・技術力の活用による経済社会の変化に対応した行政サービスの実現などが挙げられる。

　市場化テストは、次のような手順で進められる。第一に、事前調査を実施し、市場化テストを導入する事業種目を決定する。第二に、評価基準を明らかにしたうえで、入札を行う。第三に、評価基準に基づき企画・市場化テスト部門が評価を行い、価格と質で総合的に優れた提案をした主体に事業を委ねる。その際、官民双方から選定に関する異議申し立てを受ける機関を創設する。最後に、事業実施段階では、モニタリングによる事後評価を行い、一定期間後に当該期間の実施状況を評価したうえで、再入札の体制を整える。なお、落札者が官の

第 11 章　図書館の管理形態の多様化（2）

場合は、第三者機関による事業監視体制を構築する必要がある。こうした一連のプロセスを適正に実施するには、透明性と公平性を確保することが重要となる。

### 3.2　日本の現状

　日本では、少子高齢化や厳しい財政状況を背景に、公共サービスの効率化と質的向上をいかに図っていくかが課題となっている。そのため、国民の多様なニーズに対応するため、政府の限られた資源を「選択と集中」による配分をとおして「小さな政府」を指向するようになっている。

　具体的には、サービスの提供にあたり、「民間でできるものは官は行わない」とした規制改革によって、国や一定の法人に限定された公的関与の強い分野である官製市場を民間部門に開放した。

　2003年、内閣総理大臣の諮問機関である「総合規制改革会議」の答申で、市場化テストの導入について調査・研究を行うべきであるとの提言がなされた。これを契機として、2004年、「規制改革・民間開放推進会議」（総合規制改革会議の後継組織）は、市場化テストの基本的な骨格と2005年度に試行的に実施するモデル事業の内容を明らかにした。この内容は、「規制改革・民間開放推進3か年計画（改定）」として政府の方針となった。この計画には、市場化テストの本格的導入に向け、法的枠組みを整備することが含まれていた。こうした経緯を経て、2006年、「競争の導入による公共サービスの改革に関する法律」（平成18年6月2日）（公共サービス改革法）が制定された。

　市場化テストには二種類の実施方法がある。一つは、公共サービス改革法に基づく市場化テストである。もう一つは、公共サービス改革法に基づかない自主市場化テストである。後者は、地方自治体が条例や規則などによって、独自に官民の競争方法を制度設計し、実施する市場化テストであり、公共サービス改革法制定以前より始動している。

### 3.3　市場化テストの導入事例——大阪府立図書館

　公立図書館への市場化テストの導入事例としては、2010年度に事業が開始された大阪府立図書館が挙げられる。大阪府における市場化テスト（大阪版市場化テスト）は、公共サービス改革法に基づかない自主市場化テストである。

　図11.3は大阪版市場化テストのスキームを示している。民間事業者からの提案に基づき、公開審議による大阪版市場化テスト監理委員会（以下、監理委員会という）において、対象業務の決定、ならびに対象範囲の絞り込みを行う。これを踏まえ、民間事業者から事業提案を公募のうえ、監理委員会で当該業務の官民比較を行い、民間委託等の方向性を検討する。その結果、民間開放が決定すると、公開プロポーザル方式によって、民間事業者の選定が行われる。そして、事業開始後は、業務を継続的に管理・監督するためモニタリングが実施される。以上のことから、大阪版市場化テストは、官民競争型ではなく、提案アウトソーシング型であるといえる。大阪府では、第一弾として、2007年度から職員研修や自動車税の督促業務等の四業務において、市場化テストがはじまった。

　2008年、第二弾として、市場化テストの新たな対象業務が決定し、府立図書館の管理運営業務が、全国ではじめて市場化テストの対象となった。2009年、監理委員会において市場化テストの対象範囲が審議された。府立図書館管理運営業務の審議は、担当部局が基幹業務と考えるレファレンス業務と選書業務を市場化テストの対象外とした点を中心に行われた。その結果、レファレンス業務については、高度なもの（事実調査、文献調査）と簡易なもの（利用案内、所蔵・所在調査）とに切り分けられ、後者を市場化テストの対象とすること、選書業務については、発注・受入に関する業務のみを対象とすることになった。

　2009年、市場化テストの対象となる事業提案の公募が行われ、監理委員会で対象業務について官民比較による審議が行われた。その結果、監理委員会において、府立図書館管理運営業務は、当初の対象範囲を民間開放すべきであるとの方向性が決定した。

　これを受け、公開プロポーザル方式によって、民間事業者の選定が行われた。

第11章　図書館の管理形態の多様化（2）

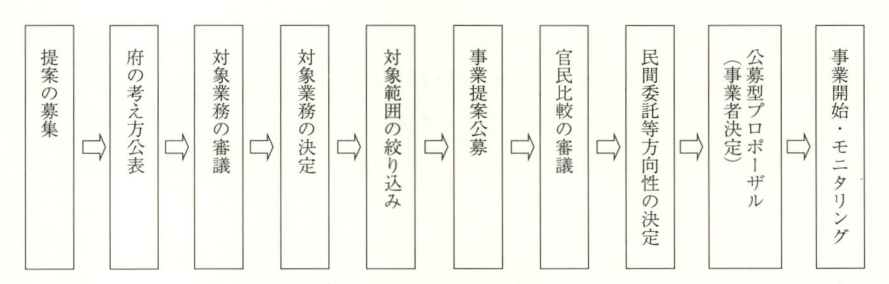

提案の募集 → 府の考え方公表 → 対象業務の審議 → 対象業務の決定 → 対象範囲の絞り込み → 事業提案公募 → 官民比較の審議 → 民間委託等方向性の決定 → 公募型プロポーザル（事業者決定） → 事業開始・モニタリング

**図11.3　大阪版市場化テストのスキーム**
(出典) 第18回大阪版市場化テスト監理委員会「大阪版市場化テストの事業提案公募と官民比較について」
http://www.pref.osaka.jp/attach/3231/00036852/siryou1.pdf, (参照2013-1-25).

選定は、「委託基本仕様書」に基づいて行われた。たとえば、スタッフの資質に関する基本的要件では、統括責任者と副統括責任者は司書有資格者であり、かつ、図書館管理運営業務5年以上の経験者であること、司書有資格者が常時、スタッフ全体の半数以上を占めること、といったことが定められている。大阪版市場化テストにおける業務の分担については、各業務の企画、判断、決定にかかわる業務は府の図書館職員が、その他の実施にかかわる業務は民間事業者が担当している。

　2010年、大阪府立図書館管理運営業務委託先候補者選定委員会による選定の結果、図書館運営を専門に受託する民間事業者に決定した。今後、この民間事業者が定期的なモニタリングを受けながら、図書館の管理運営業務を担うことになり、サービスの質の維持・向上を図っていくことになった。

### 3.4　市場化テストの課題

　図書館業務を市場化テストの対象とするにあたっては、導入後間もないため性急な結論は避けたいが、以下のような留意点や疑問点が指摘されている。
　2006（平成18）年施行の公共サービス改革法には、衆参両院において、文化芸術や科学技術の振興については、長期的・継続的な観点に立った対応が重要であり、各業務の特性に配慮し、慎重かつ適切に対応することを旨とした附帯決議が付された。図書館事業は、文化芸術の振興に含まれると考えられる。ま

た、2008（平成20）年、社会教育法等の一部改正の審議でも、衆参両院において、図書館を含めた社会教育施設における人材確保とそのあり方について、指定管理者制度の導入による弊害にも十分配慮・検討する旨の附帯決議が付された。図書館の管理運営の一形態である指定管理者制度への留意点は、市場化テスト導入に際してもあてはまる。

さらに、2009年、日本図書館協会は、図書館事業の性質、サービスの内容、人材確保の観点から問題点等を指摘し、図書館事業が市場化テストの対象になじまないとした文書を発表した。

大阪版市場化テストにおける図書館管理運営業務について、監理委員会は、公権力の行使にかかる業務がほとんどないことから、民間のアイデアやノウハウを活かしやすいとした見解を示している。しかしながら、図書館事業への市場化テスト導入に際しては、先述の二つの附帯決議、日本図書館協会の見解を踏まえ、図書館サービスの維持・向上、図書館員の確保と育成を図れるよう配慮する必要がある。

本章では、現在の公立図書館を取り巻く多様な管理運営形態のうち、PFIと市場化テストを取り上げ、導入の背景を明らかにしたうえで、それぞれの概要、導入館の事例、課題を述べた。重要な点は、この二つの制度を適用する際の判断基準として、いずれのスキームが最大のVFMを創出できるかにある。VFMには、金銭的な評価ができないもの、図書館の利用者にとって価値の高いものも含まれる。そのため、これまで図書館員が蓄積してきた知識や技能を継承しながら、利用者のニーズに基づき、官民連携のもと図書館サービスの維持・向上を図っていく必要がある。

## 参考文献

大住荘四郎『ニュー・パブリック・マネジメント：理念・ビジョン・戦略』日本評論社，1999，228p.

市場化テスト推進協議会編著『市場化テスト：制度設計・導入手続の仕組とポイント』

第 11 章　図書館の管理形態の多様化（2）

　　学陽書房，2007，318p.
野田由美子『PFI の知識』日本経済新聞社，2003，202p.
本間正明監修・著，市場化テスト研究会著『概説市場化テスト：官民競争時代の到来』
　　NTT 出版，2005，281p.

┌─■□コラム□■─────────────────────────┐

## 新聞記事に見る図書館の様々な管理運営形態

　図書館業務に外部の活力が導入されて久しい。外部活力の形態には、業務委託、アウトソーシング、指定管理者制度、PFI、市場化テスト等が挙げられる。
　業務委託とは、業務の一部、またはすべてを外部に委託することで、外注は含むが派遣労働者による業務処理は含まないとされる。委託する業務の範囲、委託する期間、委託社員の就業場所の違いによって区分できる。
　アウトソーシングとは、業務の一部またはすべてを高度な専門性をもった外部組織に委託して、高付加価値の付与や効率化を図ることを意図した経営手法である。アウトソーシングは、他社には真似のできない自社ならではの力を中核として事業を展開するコア・コンピタンス理論を戦略の一部としており、この点で業務委託と異なっている。他の三つの形態については、本書の該当章を参照されたい。
　こうした図書館をめぐる様々な管理運営形態は、いつごろからマスコミで取り上げられてきたのだろうか。次頁の図は、「朝日新聞」の記事を対象に、図書館の管理運営形態について書かれた記事数を示したものである。たとえば、「指定管理者」に関する記事は、2004年ごろから紙面に登場しはじめた。この理由には、2003（平成15）年6月に地方自治法が改正され、指定管理者制度が導入されたことによるものと思われる。このテーマに関する記事数は、2006年にピークを迎え、以降、年平均28件で推移している。その内容は、導入を知らせるもの、導入が検討されているもの等である。
　PFI は、施設建設を伴う制度であるため、図書館への導入事例もわずかである。そのため、それを報じる記事も自ずと少なくなる。しかし、限られた記事からでも、PFI 導入では、図書館は複合施設のなかの一施設として位置づけられることが多い状況や、図書館への PFI 導入の検討状況等を把握できる。
　このように、新聞の記事を通して、近年の多様化する図書館の管理運営形態の状況を知ることができる。一方で、地方自治体のなかには、計画していた図書館への外部活力の導入を断念するところもみられる。『PFI 年鑑』2011年版によると、九つの地方自治体が図書館事業への PFI 導入を断念したという。その理由には、財政・運営

面においてメリットが見出せないこと、市民団体や議会の合意が得られなかったこと等が挙げられている。

　新聞記事では、詳しく取り上げられていないが、図書館への外部活力の導入にあたっては、実は、多様な議論が行われているようだ。

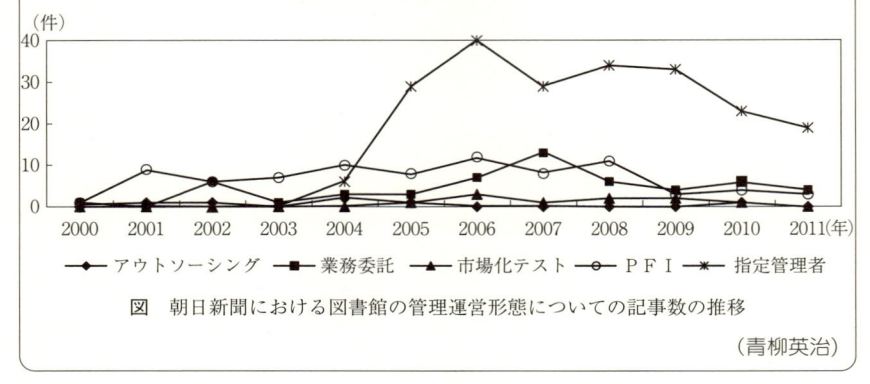

図　朝日新聞における図書館の管理運営形態についての記事数の推移

（青柳英治）

| 第12章 | ケーススタディ：<br>岐路に立つ地方公共団体と図書館経営 |

　2007年3月、北海道夕張市が財政再建団体となり、事実上、財政破綻した。このニュースは多くの国民に衝撃をもって受け止められた。地方公共団体が財政破綻、民間企業でいえば倒産したわけである。地方公共団体が財政危機に直面したとき、公立図書館の経営はどうなるのであろうか。

　今日、多くの地方公共団体が、程度の差こそあれ、厳しい財政事情にあることは周知の事実である。財政的な厳しさは、当然、公立図書館の新規設置の抑制にもつながっている。こうしたなかで、従来にはみられなかったユニークな発想と手法で、新規に公立図書館の設置や図書館活動の振興に取り組む地方公共団体が現れ、注目を集めている。福島県矢祭町と島根県海士町である。ともに財政事情の厳しい小規模地方公共団体だが、新たに図書館経営に乗り出した背景と経営の実際とはいかなるものなのだろうか。

　この二つの問いに答えるべく、筆者は、夕張市（2008年3月）、矢祭町（2009年8月）、海士町（2009年9月）を訪問し、関係者へのインタビュー調査を行った。ここで述べる内容は、原則として調査時に入手した資料やインタビュー記録に基づくが、調査時以降に大きな変化があった場合には最新の動向もあわせて紹介する。

## 1　地方公共団体の財政破綻による公立図書館のゆくえ
―北海道夕張市のケース―

### 1.1　夕張市の概要と財政破綻までのあゆみ

　夕張市は、北海道のほぼ中央部に位置する。人口は、最盛期（1960年）には11万6,908人にのぼったが、2012年10月現在では1万286人と10分の1以下に

減っている。また、総人口に占める65歳以上の高齢者の割合も高く、40％に達している。市域は南北に長いのが特徴で、夕張川に沿って街が形成されている。市役所等の行政機能は市の北部にあるが、市民の多くは市の中央部から南部にかけて居住している。

夕張市は、1888年に志幌加別川上流に石炭の大露頭がみつかり、1892年に採鉱が開始されて以降、炭鉱の街として急速に発展していった。しかし、1960年代に入ると、政府のエネルギー政策が大きく転換し、炭鉱の閉山が相次いだ。1990年には最後まで残っていた三菱南大夕張炭鉱も閉山し、炭鉱の街としての夕張は終焉を迎えた。炭鉱の閉山に伴い、人口は急激に減少を続け、ピーク時の1960年からわずか10年後の1971年には夕張市は過疎地域指定を受けるまでになった。炭鉱の閉山は、夕張市の地域産業・経済の崩壊をも意味した。夕張市では、1960年代から工業団地を造成し、炭鉱以外の産業の誘致を図ろうとしたが成功せず、次に観光開発事業に取り組み、「石炭の歴史村」、「夕張岳ワールドリゾート構想」等の事業を矢継ぎ早に立ち上げた。1991年には観光客数は過去最高の230万人に達し、観光開発事業による夕張振興は成功したかにみえた。しかし、バブルが崩壊し、その後は年々観光客数を減らしたにもかかわらず、夕張市はさらなる観光施設の建設を行った。それでも、観光客減少の歯止めとはならず、観光施設の建設が市の財政を逼迫することになった。

そして、2007年3月、財政破綻に至る。財政破綻の要因を分析した先行研究[1]によると、財政破綻の主な要因として、(1)地域産業・経済の崩壊（炭鉱の閉山等）、(2)市政の失敗（過大な観光開発事業等）、(3)国や道の問題（三位一体改革等）を挙げることができる。これらの要因は、確かに、夕張市の地域性に起因する部分も大きいが、一方で、どこの地方公共団体にとっても無関係とは言い切れない部分も少なくなく、「単に夕張市の「異常性」「特殊性」に還元できな

---

1) 佐々木忠「地方「構造改革」下の北海道政：夕張「財政破綻」を超えて」『経済』No.134, 2006.11, pp.32-42. 伊多波良雄「地方自治体の財政破綻：夕張市のケース」『経済学論叢』Vol.59, No.1, 2007.7, pp.51-72. 山口由二「自治体が財政破綻にいたるまでの分析：赤池町と夕張市の財政分析による比較」『環境創造』Vol.1, No.10, 2007.5, pp.53-75. 横山純一「夕張市財政破綻の検証と今後」『地方自治職員研修』臨増No.86, 2007.11, pp.137-172等.

い問題を孕んでいる」[2]との指摘がされている。

## 1.2 財政破綻以前の図書館経営

財政破綻以前、市立夕張図書館は、市役所近くに設置されていた。インタビューした北海道立図書館の司書（以下、S氏）によると、「40～50年前の図書館のイメージ」と言っていいほど古く、狭く、暗い建物で、老朽化が著しかったという。

職員は4名（ただし、館長は生涯学習課長の兼任であり、実質3名）で業務を担当していた。図書館運営費は、財政破綻前の2006年度予算（経常的経費分）で約733万円（資料費のみでは約224万円）だった。近隣の人口規模が同規模の市の2006年度予算（経常的経費分）は三笠市で約201万円（資料費のみでは約141万円）、赤平市で約424万円（資料費のみでは約190万円）であり、全国の市の2006年度予算（経常的経費分）の平均額は約903万円（資料費のみでは約240万円）だった[3]。財政的には相当厳しかったにもかかわらず、近隣の人口規模が同規模の市よりも予算額が多く、資料費のみでみると全国平均とほぼ同額となっていた。

2005年度時点の蔵書冊数は約6万冊、貸出冊数7,796冊、人口1人当たりの貸出冊数0.57冊だった。2005年度の北海道内の人口1人当たりの貸出冊数が約4冊だった[4]から、これと比しても、貸出の利用が著しく少なかったことが分かる。S氏は、利用が低調だった理由として、施設の老朽化とともに、市の面積が広く気軽に図書館を利用できなかったことを指摘している。この点は、夕張図書館も認識しており、市内5ヶ所の市役所連絡所と1ヶ所の支所（南支所）に巡回図書コーナーを設置していた。しかし、こちらも利用は低調だったという。同じくインタビューした夕張市の司書（以下、H氏）は、そもそも、市民のなかに図書館の存在自体を知らない人が少なくなかったと証言する。

---

2) 行方久生「夕張市「財政破綻」問題の論点と自治体の危機」『季刊自治と分権』No.27, 2007. 4, p.80-96. 引用はp.81.
3) 日本図書館協会調査事業委員会編『日本の図書館：統計と名簿2006』日本図書館協会, 2007, 611p.
4) 前掲3)に同じ.

また、公立図書館同士のネットワークが緊密に構築されている現代にあって、夕張図書館は、こうしたネットワークからもほとんど孤立した存在だった。S氏は、道立図書館と夕張図書館のかかわりについて、「夕張については正直ほとんど今までつながりがなかった」と語っている。
　こうしてみると、前述の「40〜50年前の図書館のイメージ」というS氏の言葉は、夕張図書館の建物だけではなく、経営スタイル全般に当てはまる状況だったのである。

### 1.3　財政破綻後の図書館経営

(1) 夕張図書館廃止案と存続への模索

　2006年11月、同年6月に財政再建団体の申請方針をすでに表明していた夕張市は、『夕張市財政再建の基本的枠組み案について』を発表した。このなかで、夕張図書館を2007年度中に廃止することが示された。また、巡回図書コーナーが開設されていた市役所連絡所5ヶ所も廃止することが示された。このとき、図書館同様に廃止が示された美術館に対しては市民から廃止反対の声が出て、存続を模索する動きがあったが、図書館に対しては市民から廃止反対の声は特に出なかったという。そして、図書館は、実際には、2007年3月末（2006年度末）をもって廃止することとなった。
　しかし、図書館長を兼務していた生涯学習課長は、2006年12月の北海道立図書館との運営相談のなかで、「なんとか図書館機能だけは残したい」という意向を示したとS氏は語っている。北海道立図書館は、財政破綻になったことを受けて、2006年7月に夕張図書館に連絡をとって支援を申し出ている。そして、運営相談というかたちで最初に訪問したのが前述した2006年12月だったのである。
　生涯学習課長の意向を受けて、市中央部にある市保健福祉センターの事務室を市役所本庁に移し、その空いたスペースを利用して図書館機能を残す方向での検討が進められた。結局のところ、予算を付けないことを条件に、市保健福祉センターの1階を「夕張市図書コーナー」とすることに決まった。2007年1

月に公表された『夕張市財政再建計画素案』では次のように述べられている。「平成18年度で廃止するが、蔵書を保健福祉センターへ移設し図書の貸し出しを継続するほか、道立図書館による図書の貸し出しにも対応するなど図書館の機能を確保する」。また、同年3月に国に提出された『財政再建計画書』には、「保健福祉センターに図書コーナーを設置する」と盛り込まれた。

　以上の決定を受け、2007年に入ると、夕張図書館から市保健福祉センターへの資料等の引っ越し作業が進められた。図書コーナーのスペースは夕張図書館よりも手狭なため、排架できる資料数も3分の1に減らさざるを得ず、「何度も苦渋の選択を迫られた」とH氏は語っている。

　こうして、2007年3月末に廃止された夕張図書館に代わって、同年4月に夕張市図書コーナーがオープンしたのである。図書コーナーは、名称も法令上の位置づけも正式な「公立図書館」ではなくなった。しかし、財政破綻によって図書館に相当する機能が失われることだけは回避されたのである。

(2) 夕張市図書コーナー経営の実際

　夕張市図書コーナーは、市保健福祉センターの1階にある（図12.1、図12.2）。同センターは、2001年10月にオープンした比較的新しい建物である。建物自体は教育委員会の所管ではないが、図書コーナーは旧図書館同様、教育委員会教育課社会教育グループ（旧：生涯学習課）所管の直営である。また、市役所支所（南支所）の巡回図書コーナーも、継続されている。

　図書コーナーの有給の職員は、インタビューしたH氏1人である。当初の検討段階では、「職員については、教育委員会の組織自体が将来的には大幅に縮小するため、司書の配置は難しい」[5]とされたが、最終的には配置されることになった。H氏は、司書歴20年余りのベテランで、旧図書館時代から勤務している。H氏の配置によって、公立図書館が行う基本的な各種サービスの提供が可能となっている。また、巡回図書コーナーに配本する無給の嘱託職員

---

5) 鈴木浩一「「図書館がなくなる」夕張はいま」『みんなの図書館』No.362, 2007.6, p.27-34. 引用はp.30.

図12.1 夕張市図書コーナーが設けられている
市保健福祉センターの入口
（注）著者撮影。

図12.2 夕張市図書コーナーの様子（児童書コーナー）
（注）著者撮影。

(事実上のボランティアだが、公用車を運転するため嘱託扱いになっている)が2人おり、ほかに二つのボランティア・グループ[6]が活動し、図書コーナーの活動や子どもの読書活動を支援している。さらに、北海道立図書館からも支援を受けている[7]。ただし、常勤の職員は1人しかおらず、開館出来る曜日も火曜から土曜(祝祭日、年末年始を除く)(開館時間は、火曜から金曜が11〜18時、土曜が9〜16時)に限られている。なお、巡回図書コーナーについては、市役所支所の職員が蔵書の管理、貸出手続き等を行っている。

　図書コーナーの蔵書冊数は2万882冊(2008年2月時点)だが、予算はつかないため、資料の新規購入はできない。ただし、2007年度には、出版社等からの寄贈により新刊資料を中心に1,165冊を受け入れている。一方で、個人からの寄贈の積極的な受け入れは、スペースの問題等から難しいとH氏はいう。

　2007年度上半期(4〜9月)の図書コーナーの利用状況を2006年度同時期の旧図書館時代の利用状況と比較すると、貸出利用者数では、2006年度の792人に対して2007年度は1,479人と2倍近い伸びを示した。とりわけ、子ども(幼児、小・中学生。以下同じ)の貸出利用が急増しており、2006年度の97人に対して2007年度の487人と5倍以上の伸びとなっている。また、貸出冊数でみると、2006年度の2,961冊に対して2007年度の4,995冊と1.5倍以上の伸びを示しており、子どもだけでみると、2006年度の314冊から2007年度の1,962冊と6倍以上の伸びを示している。このように、図書コーナーの貸出利用者、貸出冊数ともに旧図書館時代よりも大きく伸びており、特に、子どもの利用の伸びが顕著である。この要因としては、(1)図書コーナーが人口の多い地域(特に、この地域は

---

6) 財政破綻後の2007年度に二つのボランティア・グループが発足している。一つは、夕張市民を中心に組織された「ひなたBOOK ✿」で、図書コーナーで幼児向けの読み聞かせなどを行っている。もう一つは、「子ども文化の会:かぜちゃる」で、絵本作家の講演会やおはなし会等の活動を行っている。ボランティアの受け入れにあたって、図書コーナー側では「ボランティア受入要綱」を作成し、利用者の秘密を守ることなどを明記している。
7) 北海道立図書館は、夕張市に対して、すでに述べた運営相談の他に、ボランティア育成支援(ボランティア研修等)、蔵書面の支援(図書コーナーへの大量貸出等)等に取り組んでいる。財政基盤のない夕張市図書コーナーにとって、道立図書館とのつながりは、ボランティア・グループとのつながりとともに、経営上の生命線といっても過言ではない。

子どもの人口比率が比較的高く、近くに小学校、中学校もある）に移転したこと、(2)前述したボランティア・グループが、子どもの読書活動に特に力を入れていること等が考えられる。

しかしながら、H氏は、「ここに移ったのを結構知らない方多くて」と語っており、市民の図書コーナーの認知度はまだ低いようである。実際、筆者も調査の際に夕張駅前から乗ったタクシーで、異なる施設に連れて行かれてしまった。せっかく図書コーナーとして図書館に相当する機能を残しても、市民がそれを知らなくては、元も子もない。H氏は、市の広報紙への図書コーナーの案内の掲載やホームページでの紹介等のPR策を考えていると話していた。

## 2 財政難の小規模地方公共団体による公立図書館設置へ向けた取り組み
――福島県矢祭町と島根県海士町のケース――

### 2.1 矢祭町のケース

(1) 矢祭町の概要

矢祭町は、福島県の南部に位置する農山村地帯である。1955年3月に矢祭村として成立し、1963年1月に町制を施行して現在に至っている。人口は、2012年10月現在で6,430人であり、漸減傾向にある。

2001年10月に「市町村合併をしない矢祭町宣言」を町議会で議決したことで、矢祭町の名は大きなインパクトをもって全国に知られるようになった。この宣言を受けて、町は行財政改革を推進している。たとえば、職員数の削減を進める一方、それが町民に対する行政サービスの低下につながらないように、役場窓口の業務にフレックスタイムを導入して7時半から18時45分まで開庁する、土日も日直者2名が窓口対応し平日と同じサービスを提供する（事実上、年中無休）、職員の自宅を出張役場と位置づけて税金や水道料金等の収納対応をする等、斬新な試みを行っている。町議会自らも改革を行い、2002年9月には議員定数を18人から10人に削減し、2007年12月には矢祭町議会決意宣言「町民とともに立たん」を発して、議員報酬を日当制に改めている。

こうした改革に対して、自立の町づくりを評価するとした町民は78%、行政の効率運営について努力しているとした町民は77%であり[8]、町民からも高い支持を得ていることが窺われる。

(2)矢祭もったいない図書館の設置

　矢祭町には、2007年1月まで町立図書館はなかった。前述したように行財政改革を進めている状況からして、町立図書館の新規設置は困難と誰もが考えてしまうところだが、町は2005年に図書館設置に向けて動き出すことになった。その契機は、同年に町が第三次総合計画策定のため町民にアンケートを行ったところ、「町立図書館の早期開設」を求める要望が大多数となったことにある。筆者がインタビューした図書館長（以下、K氏）は「町内には書店もないので、本に触れる所がほしかった」のだと語っている。

　町民からの要望を受けて、町当局は検討を開始した。建物については、「町職員から、既存の建物を改築すれば、少ない予算で可能ではないかとの提案があり」[9]、武道館を図書館に改築することにした。2006年7月に武道館の改築工事が着工され、翌年1月に竣工した。事業費は3億3,564万8,000円だった。

　また、資料については、資料購入予算の確保は厳しいという町の実状もあり、対策は難航していた。そのようなとき、2006年6月に福島市内で開かれた会合で町の職員が図書館づくりについて講演したところ、参加していた新聞社の支局長から全国に資料寄贈を呼びかけてはどうかとの提案があったという。同年7月中旬に全国版の新聞で資料寄贈を呼びかける記事が掲載されると、全国的に大きな反響を呼び、1ヶ月後の8月中旬には5万冊が寄贈され、1年後の2007年8月には40万冊を超えるに至った[10]。こうして資料のほとんどを寄贈で

---

8) 朝日新聞社が2006年10月28日，29日の両日に矢祭町民に対して行った調査の結果による（『朝日新聞』2006年11月4日付（朝刊）福島版掲載）．
9) 齊藤守保「報告・矢祭町から：「矢祭もったいない図書館」開館す！！」『みんなの図書館』No.362，2007.6，p.57-61．引用はp.57．
10) 矢祭もったいない図書館『平成21年度矢祭もったいない図書館要覧』，2009，18p．引用はp.4．

構築するというユニークな図書館が実現することになったのである。
　さらに、図書館を運営する人材については、職員削減を進める町として、職員を図書館にまわすのは現実的ではない。そこで、町民の力を借りて対応することになり、2006年7月に「パートナーシップで創りあげる新しい図書館づくり」検討会を開催し、続いて、43人の町民ボランティアから成る「図書館開設準備委員会」（以下準備委員会）を立ち上げた。準備委員会は、福島県立図書館の職員から日本十進分類法（NDC）等の指導を受けながら、寄贈資料の整理、分類作業に着手した。次第に、準備委員会のメンバーの他にも、町商工会婦人部・青年部、町婦人会、農協婦人部の部会員等が手伝ってくれるようになり、まさに町民挙げての作業になっていたという。
　こうして、2006年12月末には資料の館内への排架も終え、準備委員会は解散となった。2007年1月には、準備委員会のメンバーらを母体に新たに「矢祭もったいない図書館管理運営委員会」（以下、運営委員会）が発足、運営委員会が指定管理者となって開館後の図書館経営に当たることになった。そして、1月14日、「矢祭もったいない図書館」と名付けられた町立図書館が開館した。

(3)矢祭もったいない図書館経営の実際
　矢祭もったいない図書館（図12.3）は、図書館法に基づく町立図書館であり、同法第10条の規定により町が定めた「矢祭もったいない図書館設置及び管理に関する条例」に基づき設置、運営している。指定管理者制度を採用しており、指定管理者は前述した運営委員会（現在の委員は14人。うち1人は司書有資格者）である（図12.4）。委員で分担をして業務に当たり、町立図書館が行う基本的な各種サービスを提供している。委員は、「有償ボランティア」であり、最低賃金法で定める最低賃金以下の廉価な謝金が支払われている。
　なお、「「矢祭町読書の日」制定に関する規則」3条に基づき、町内26ヶ所（各地区の集会所等）に「矢祭もったいない文庫」が設置されている。同規則4条で、この文庫も矢祭もったいない図書館の指定管理者が管理運営すると定めており、実質的に分館の位置づけをもつものである。

第12章　ケーススタディ：岐路に立つ地方公共団体と図書館経営

**図12.3　矢祭もったいない図書館の様子**
（注）著者撮影。

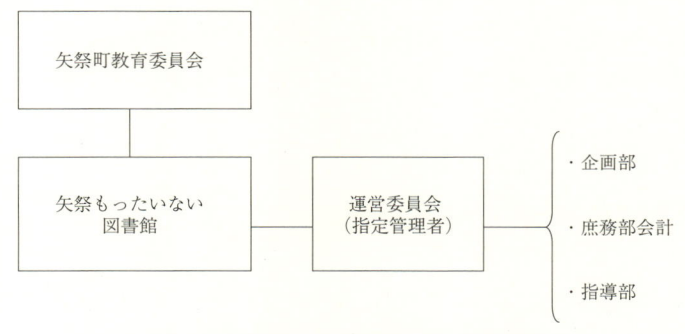

**図12.4　矢祭もったいない図書館の運営機構**
（出典）矢祭もったいない図書館『平成21年度矢祭もったいない図書館要覧』2009，18p. 引用はp.5.

　蔵書冊数は約44万5,000冊（2009年8月時点）であり、この冊数は福島県内の公立図書館で3番目の規模である。資料のほとんどが寄贈ということもあり、訪問前の筆者は古びた資料ばかりが並んでいるのだろうと想像していたが、実際には比較的新しい資料が多く意外だった。ただし、K氏は、新刊の資料をどう入れていくかが大きな課題であると話していた。資料購入予算がないため、児童図書と、その他の資料は発行後3年以内のもののみ、現在も寄贈を受け入

181

れているという（それ以外の寄贈の受け入れは40万冊を超えた2007年8月で停止された）。このほか、新聞を数紙受け入れているが、これは町役場で購読しているものを午後から図書館にもってきて閲覧に供しているという。

開館日・時間は、火曜から日曜までの午前9時から午後6時までとなっている（月曜は休館日）。延べ来館者数は、2007年10月に1万人、2008年8月に2万人を超え、2009年7月には3万人を超えた。利用登録者数は2009年8月時点で1,988人（うち、町民1,311人、町外677人）である。町の総人口に占める町民の登録率は約20％であり、K氏は、登録率をさらに高め、より多くの町民に利用してもらうことも課題と話していた。特徴的なのは、町外の登録者が全登録者の3分の1を占めることであり、寄贈者が多いという。

他機関等とのかかわりとしては、福島県立図書館の担当者が毎月1回巡回来館し、未所蔵資料を借り受けている。ボランティア・グループとのかかわりでは、同館の開館前から町内で活動していた読み聞かせボランティア・グループ「手のひらの会」と協力して矢祭もったいない文庫を巡り、読み聞かせを行っている。

## 2.2　海士町のケース

(1) 海士町の概要

海士町は、島根県の隠岐諸島・中ノ島にある1島1町の地方公共団体である。1904年に海士村として成立し、1969年に町制を施行して現在に至っている。人口は、2012年10月末現在で2,332人であり、漸減傾向にある。さらに、高齢化も著しく、人口の4割が65歳以上の高齢者となっている。高齢化や後継者不足から、主要産業である漁業は衰退傾向となり、それに伴って町の収入も減って、町は財政破綻寸前の状態になってしまった。

こうした状況に対して、町は生き残りをかけて、様々な取り組みを行っている。たとえば、2005年に水産加工会社「ふるさと海士」を設立して、最新冷凍装置を導入するとともに、ホームページ等を通して全国に海産物の販路を拡げ、漁業の回復にも大きく寄与している。また、建設会社の畜産業への参入を後押

ししたり、低家賃の公営住宅を整備する等して島外からの移住者の農業、漁業への新規参入を支援し、第一次産業の再生のみならず、過去4年間で約130人の移住者の呼び込みにも成功している[11]。

同時に、行財政改革、主に、職員数の削減や給与カット等を行っている。2008年度で町長が50％、町職員が8～30％、そして助役、教育委員、町議も40％、給与を削減している。町職員の給与は、全国で最低水準という。海士町にも隠岐諸島の周辺町村との合併の話が2002年にあったが、「大勢として町民の意見も、合併反対であることが分かり」[12]、町長は合併しないという決断をする。町長は、自著で「身を削ってでも、この島を守る。そして、この島で産業を作り育てる。簡単なことではないでしょうが、同じ苦労をするなら、他人の力に頼るのではなく、自分たちの足で歩いていった方がいい」[13]と述べている。

(2)「島まるごと図書館」の構想と展開

海士町では、2007年度から、「島まるごと図書館」事業に取り組んでいる。「島まるごと図書館」とは、そういう名前の町立図書館があるわけではなく、「"離島"であり"公立図書館"がないというまちの大きなハンディキャップを逆に活かし、学校図書館、地区公民館、港のターミナル、保健福祉センターなど人が多く集まる拠点をそれぞれ図書館分館と位置づけ、島全体をネットワーク化して一つの"図書館"と見立てるもの」であり、「高齢・過疎のまちにおいて誰もが等しく図書館サービスを受けることができるシステムの構築を目指し」たものである[14]。本館に当たるのは海士町中央公民館図書室である。

この事業がスタートする以前から、中央公民館に図書室はあったが休眠状態

---

11）天野剛志「列島発！　島根県・海士町　過疎の島に移住130人」『朝日新聞』2008年6月22日付（朝刊）。
12）山内道雄『離島発生き残るための10の戦略』日本放送出版協会，2007，203p. 引用はp.42.
13）前掲12），p.43.
14）筆者が調査時に入手した海士町教育委員会作成「平成20年度地域の図書館サービス充実支援事業」（2008，11p）に関する資料による。

であり、また、小学校2校、中学校1校の学校図書館も手つかずでほとんど利用されない状態だった（なお、各校の規模は2012年度の時点で次の通りである。町立海士小学校（児童数約40人、6学級）、町立福井小学校（児童数約60人、8学級）、町立海士中学校（生徒数約60人、4学級））。こうした状況を改善し、「持続可能な地域社会を目指し、人間力溢れる人づくり」を目標に掲げてスタートしたのが「島まるごと図書館」事業である[15]。2007年度から2008年度にかけて文部科学省の「"読む・調べる"習慣の確立に向けた実践研究事業」を受託してこれを財源とし、また、有給職員（司書、読書推進コーディネーター、図書館研修生）3人を新たに任用した。

　「島まるごと図書館」は、2007年度にいきなり構想されたわけではなく、前年度までに伏線があった。町では、若者の流出や後継者不足という地域課題に対して、地域で文化や産業を創りだせる人材の育成が必要との認識から、町の総合計画の柱の一つに「人づくり」を位置づけた。この人づくりには、読書活動が重要であるとの意見が教育委員会の定例会等で出され、司書配置の予算を要望したり、図書館活動の先進地視察を行ったりしていたという。

　この事業でまず着手したのは、本館である中央公民館図書室や分館である学校図書館等の環境整備であった。中央公民館図書室では、スペースの拡大、資料の新規購入、蔵書検索用端末の整備等を行った。また、地区公民館や保健福祉センター等の計7ヶ所に書架と資料を配置し分館を開設した。同じく分館に位置づける学校図書館は、館内レイアウトを抜本的に変更するとともに、資料の新規購入等を行った。さらに、本館、分館の資料のデータベース化を進めた。

(3)「島まるごと図書館」経営の実際

　「島まるごと図書館」事業は、町教育委員会に教育長、学校長、読み聞かせボランティア等から成る「島まるごと図書館運営委員会」を組織し、運営している。2009年度の担当職員は、2人（司書と図書館研修生）であり、事業予算は、

---

[15] 礒谷奈緒子「隠岐島・海士町発！　島まるごと図書館構想」『みんなの図書館』No.377, 2008. 9, p.31-35. 引用は p.33.

資料購入費が66.8万円（中央公民館図書室分。学校図書館分は131.9万円を別途措置）のほか、人件費（県補助金と町費でほぼ折半）等が措置されている。

「島まるごと図書館」は、本館である中央公民館図書室と分館である四つの学校図書館（県立高校1校を含む）、七つの地区分館、そして移動図書館から成る（2009年度）。各館の役割分担を明確化し、分館である小学校の学校図書館は児童サービスを担う図書館、中学、高校の学校図書館はヤングアダルトサービスを担う図書館、それ以外の本館、分館、移動図書館は赤ちゃんから高齢者までに幅広くサービスする図書館と位置づけ、資料の分担収集や相互貸借を行うことで予算や資料の有効活用を図っている。「島まるごと図書館」事業は、2009年度時点では、図書館法に拠る公立図書館ではないものの、公立図書館が行う基本的な各種サービスの提供を実現している。なお、この「島まるごと図書館」は「町」の事業でありながら「県立」の高等学校（県立隠岐島前高等学校）も含まれているが、隠岐諸島島前地区（海士町、西ノ島町、知夫村）唯一の高等学校である同校が一時期統廃合の危機に直面したため、これら3町村が連携して魅力向上のプロジェクトに取り組むなど、「町」の関与が大きく認められてきた経緯が関係している。また、各校の学校図書館については、当然ながら、学校図書館本来の「学習情報センター」、「読書センター」としての機能を高めることもめざしており、各校で図書館活用教育を推進している。

本館の中央公民館図書室（図12.5）は、町役場の裏手にあり、教育委員会事務局との共用施設である。蔵書冊数は約5,100冊（2009年8月時点）であり、この事業がはじまって以降、約3,500冊増加した。島根県立図書館からも半年に1度のペースで600冊程度借り受けている。開館日・時間は、年末年始を除く毎日、午前8時半から午後5時半までである。ただし、職員は分館も受けもっているため常駐はできていない。そのため、貸出手続きは、利用者自身が貸出カードに記入して借りていく方式を採っている。年間貸出冊数は、2007年度は約1,500冊であったが、2008年度には2倍の約3,000冊に伸びた。

分館は、学校図書館4ヶ所、地区公民館等7ヶ所に置かれている。前者には、海士小学校（蔵書冊数は約3,000冊）、福井小学校（約3,000冊）、海士中学校（約

**図12.5　海士町中央公民館図書室の様子**
(注）著者撮影。

4,000冊）、県立隠岐島前高等学校（約3,500冊）がある。両小学校には1グループずつ読み聞かせのボランティア・グループがあり、連携を図っている。後者には、菱浦地区公民館、東地区公民館、知々井会館、岬文化センター、キンニャモニャセンター（港のターミナル）、保健福祉センターひまわり、私立けいしょう保育園がある。いずれも、蔵書冊数は数百冊程度だが、定期的に資料を入れ替えているほか、地区の住民から寄贈がなされているところもある。県立高校や私立保育園を分館として位置づけていることからも、まさに、島ぐるみ、「島まるごと」の事業であることが窺える。利用できる日・時間は、その学校や施設によって変わるが、貸出手続きの方法は本館と同様である。

　このほか、移動図書館のサービスがある。本館や分館まで足を運べない高齢者を主なサービス対象として、保健師による健康相談の日に合わせて、町内14ヶ所の地区公民館に移動図書館を巡回させている。巡回頻度は2ヶ月に1回の割合であり、1ヶ所当たりの利用者は平均4～5人という。

　なお、2010年10月、中央公民館図書室に代わって、海士町中央図書館が開館し、「島まるごと図書館」事業の本館は、直営の町立図書館である海士町中央図書館が担うこととなった。町の広報紙では、「開館にあたり、電算化システ

ムの導入や蔵書の充実など、図書環境も整い、島まるごと図書館構想の中核を担う施設となります」とし、また、「運営に積極的に関わって頂けるボランティアさんを募集」しており、ボランティアを積極的に活用していく方向性も示している。

## 3 よりよい図書館づくりに向けて

### 3.1 夕張市のケースから

　ここでは、まず、地方公共団体が財政危機に直面したとき、公立図書館の経営はどうなるのか、夕張市のケースを紹介した。

　夕張市では、市立図書館は廃止となったが、図書コーナーというかたちで図書館に相当する機能を存続することができた。しかも、ベテランの有給職員（司書）の配置を1人とはいえ実現できたことも大きい。また、市民のボランティア・グループが発足し、図書コーナーの活動等を支えてくれていること、利用（特に貸出）が大幅に伸びていることも、発足間もない図書コーナーにとっては明るい要素といえよう。

　その一方で、課題も多い。(1)予算がない、(2)そのために、今後の蔵書構築の見通しがもてない、(3)市の財政再建状況いかんで、今後も司書が配置され続ける保障がない、(4)市民の図書コーナーに対する認知度がまだ低い、などが主な課題として指摘できよう。特に、予算がないことは、図書コーナーが市民の読書や情報ニーズに応える資料提供やサービスを維持していこうとするとき、もっとも大きな障害となることは間違いない。現在は、北海道立図書館からの支援に加え、出版社等からの寄贈で新刊資料を受け入れることができているが、寄贈に頼る不安定さは否めない。

　財政破綻に至らなくても、今後、公立図書館にはもう一銭も予算をつけられないという地方公共団体が出てくるかもしれない。そうしたときに、どんな対応が可能なのだろうか。夕張市のケースは、すべての公立図書館にとって決して対岸の火事ではないのである。

### 3.2 矢祭町と海士町のケースから

　続いて、財政事情の厳しい小規模地方公共団体が、ユニークな発想と手法で新たに図書館経営に乗り出した背景と経営の実際とはいかなるものなのか、矢祭町と海士町のケースを紹介した。

　矢祭町のケースは、全国からの寄贈資料によって公立図書館を立ち上げ、町民によって組織された運営委員会（委員は"有償ボランティア"）を指定管理者として経営し、建物改築以外にはほとんど予算をかけないという緊縮財政の極みである。主な課題は、次の二つである。(1)コレクションのほとんどを寄贈資料によって構築し、また、資料購入予算がないため、新刊資料も寄贈に頼らないとならないことから、利用者のニーズを充たし続けることができるか未知数である（この点、夕張と類似する状況にある）。(2)指定管理者の運営委員会のメンバーのうち、司書有資格者は1人にすぎず、メンバーの専門性向上は不可欠であり、委員に司書資格取得を奨励する取り組みや、資格取得者にはそれに見合う謝金の検討も必要だろう。いずれの課題の解決も、結局のところは、予算確保なしには難しいといえる。

　海士町のケースは、公立図書館のない小さな離島という特性を逆に活かして、島内にある公民館図書室や学校図書館等の図書館機能をネットワーク化して一つの「公立図書館」に見立てようとする試みである。2010年10月には本物の公立図書館である海士町中央図書館の設置を実現している。この海士町のケースは、矢祭町のケースとは真逆ともいえるもので、公立図書館施設の設置は後にまわし、まずは、文部科学省の委託事業に応募して財源を確保し、また、司書などの有給職員を任用して、既存の図書館に相当する機能の向上に取り組んだ。主な課題は、やはり二つに整理できる。(1)町財政が厳しいため、予算については、今後も国や県の委託事業や補助事業に応募して財源を確保したい方針だとインタビューの際に教育委員会関係者は話していた。しかし、応募したからといって受託や補助が受けられるとは限らず、不安定にならざるを得ない。(2)2人の有給職員で現在は業務にあたっているが、本館に常駐できていないなど、明らかに人員不足である。当面はボランティアを募集してしのぐようであるが、

第12章　ケーススタディ：岐路に立つ地方公共団体と図書館経営

長期的には有給職員の増員が必要となろう。

　実際に調査してみて感じたのは、矢祭町も海士町も似た状況にある地方公共団体だということである。すなわち、(1)合併せず自立していくことを選んだ小規模地方公共団体であり、(2)町当局と町民が財政状況等の町の置かれた現状に対する危機意識を共有できている、ということである。そのうえで、図書館が欲しいというニーズが出されたときに、その町の事情や特性を踏まえたうえで知恵を絞ってユニークな発想と手法で生み出したもの、それが「矢祭もったいない図書館」や「島まるごと図書館」事業だったのである。

　両町の取り組みは、財政事情の厳しい小規模地方公共団体であっても、発想と手法次第で、公立図書館が設置、運営できることを私たちに示してくれた。しかし、同時に、その発想と手法がどこの地方公共団体にも適応可能なものではないこと、残された課題も多々あることは前述してきた通りである。

### 3.3　地方公共団体と国の関係から

　わが国の町村部の公立図書館設置率はまだ53.1%（2009年）に過ぎない[16]。ユニークな発想や手法を用いなくとも、財政事情の厳しい小規模地方公共団体が公立図書館を設置、運営できるような国の対策が求められる。

　もちろん、国は、公立図書館に対して財政面での支援を何もしていないわけではない。近年の動向として、例えば、2010年度から措置を始めた「住民生活に光をそそぐ交付金」（2012年度は総額350億円を普通交付税措置）では、使途を「知の蓄積等による地域づくり」や「弱者対策・自立支援」などに限定しており、このうち「知の蓄積等による地域づくり」の一環として、公立図書館や学校図書館の図書整備等に充てる地方公共団体もみられる。2012年1月に内閣府地域活性化推進室が発表した『住民生活に光をそそぐ交付金活用事例紹介』では、15事例のうち5事例（北海道東神楽町、北海道東川町、山形県村山市、栃木県真岡市、広島県竹原市）が図書館に関する事例であった。また、2010年4月に改正

---

16) 日本図書館協会調査事業委員会編『日本の図書館：統計と名簿2009』日本図書館協会, 2010, 598p.

施行された「過疎地域自立促進特別措置法」(2010 (平成22) ～2015 (平成27) 年度) では、「過疎地域自立促進のための地方債」(過疎対策事業債) を財源とすることのできる施設に図書館が盛り込まれた (法12条)。日本図書館協会では、同法に基づき該当地方公共団体が定めることのできる過疎地域自立促進計画に公立図書館の建設を盛り込むよう求めている。ただし、後者の「過疎地域自立促進のための地方債」については、該当地方公共団体が限定されている。また、両者とも、恒久的に措置が継続する保障はなく、安定的な財政面での支援とは言い難い。

1995 (平成7) 年の地方分権推進法制定以降の地方分権の流れのなかで、地方公共団体の権限は大きくなる一方、公立図書館建設補助金が廃止される等、国からの財政面での支援は縮小していった。しかし、この流れは、財政事情の厳しい小規模地方公共団体の公立図書館の設置、運営にとってみると、マイナス面のほうが大きかったといえるのではあるまいか。もちろん、地方分権の流れ自体を否定するつもりはない。そうではなく、地方分権の時代だからこそ、財政事情の厳しい小規模地方公共団体であっても、「知の拠点」としての公立図書館を守り、育てていけるような後方支援としての国の総合対策が必要だと筆者は考えるのである。とりわけ、国による安定的かつ恒久的な財政面での支援が不可欠である。

**参考文献**
礒谷奈緒子「隠岐島・海士町発！　島まるごと図書館構想」『みんなの図書館』No.377, 2007.9, pp.31-35.
更科源蔵, 富樫酉壱郎編『夕張市史』夕張市, 1959, 789p.
テレビ東京報道部編『日経スペシャルガイアの夜明け　ニッポンを救え』日本経済新聞出版社, 2009, 299p.
中沢孝之「矢祭もったいない図書館を訪ねて」『図書館評論』No.48, 2007.7, pp.15-23.
西野一夫「新しい過疎対策法の制定と図書館」『図書館雑誌』Vol.104, No.7, 2010.7, pp.427-429.
野口武悟「岐路に立つ地方自治体と図書館経営 (Ⅰ)：北海道夕張市の場合」『人文科学

年報』No.39,2009.3,pp.19-41.
野口武悟「岐路に立つ地方自治体と図書館経営（Ⅱ）：福島県矢祭町と島根県海士町の場合」『人文科学年報』No.40,2010.3,pp.23-57.
平井由美子「市の財政破綻による図書館閉鎖：夕張からの現地報告」『みんなの図書館』No.383,2009.3,pp.46-51.

---

■□コラム□■

## 図書館建設を争点とした首長選挙

　近年、大阪府大阪市など、地方自治体の首長選挙が全国ニュースとして衆目を集めた。その一方で、ローカルニュースではあるが、図書館政策のあり方と密接にかかわった首長選挙もマスコミで取りあげられた。図書館振興をマニフェストに掲げても票にならないので、日本の政治家の多くは図書館政策に無関心である。そのようななかで、図書館建設を争点とした首長選挙が最近実施された。全国的にはほとんど知られていないが、注目に値する事例と思われる。以下、詳しく紹介し、解説する。

　人口約8万人の小規模都市、岐阜県中津川市において、2012年1月に市長選挙が実施された。同市は岐阜県南東部に位置する都市であり、長野県との県境にある。この選挙の際、主な争点となったのが新図書館建設問題である。同市には、すでに市立図書館があったが、老朽化しており、耐震面でも問題点があった。一部住民のあいだでは新図書館の建設を望む声があり、新図書館建設を選挙公約に掲げたのは現職の市長であった。2013年に開館をめざした新図書館建設であるが、中津川市は新館長を全国公募した。日本の地方自治体の多くは、公立図書館の館長を公募することはきわめて少ない。総じて、士気が低く、無資格の行政職館長がお役所仕事を粛々とこなしている館が多いのが日本の現状と思われる。同市では、図書館のハード面のみならず、ソフト面も充実を図り、優秀な人材を確保しようとしていたのである。新館長人事も無事終わり、図書館に造詣が深い現場経験者が採用内定した。

　その一方で、新図書館、し尿・下水処理施設の建設に反対する市民グループが市長のリコール運動を展開した。新図書館等の建設に反対する市議会議員らが実施したアンケート調査によれば、住民の多数が新図書館建設に反対であるという結果であった。これを受けて、現市長の解職の賛否を問う住民投票の実施の運びとなったが、市長は辞職し、結局選挙となった。市長選では、現職が敗れ、図書館建設の反対を公約に掲

げた新人が当選した。民意は新図書館建設反対に傾いたのである。

　しかし、選挙後、大きな難題が残された。市議会では2011年の秋、建設工事の着手がすでに認められており、新図書館建設工事が開始されていた。図書館建設はすでに始まっていたので、契約解除による業者への違約金、損害賠償費等の問題が発生した。選挙後、図書館を建設した方が財政的にはベターと判断する建設推進派の見解と、建設中止することによって、高額の新図書館の施設維持費をカットできるという新市長の見解が対立する。新図書館の誕生を願う市民グループは署名活動を開始した。「このままでは借金だけ残り、あとは何も残らない」という建設推進派の市民グループは主張する。

　中津川市のケースの場合、新図書館建設が政争の具とされたわけであるが、この問題の背景には、市町村合併前の旧町村部と旧市部とのあいだにみられる住民感情の温度差、地域間格差がある。新図書館建設地は、同市役所近くの市中心部であり、旧町村部の住民にとっては地理的には不便な場所である。新図書館建設推進派の市民グループは、「図書館は地域文化のバロメーター」と世論に訴える。しかし、旧町村部の住民からすれば、「不要不急の無料貸本屋」程度の認識にすぎないのであろう。選挙に敗れた前市長は、地域住民との対話不足を認識しながらも、図書館建設をめぐる情報操作の問題点を指摘した。

　新市長は、2012年3月に市議会で採択された「建設継続を求める請願」を踏まえ、新たな選択肢を探り始めたが、結局それを断念し、公約通り建設中止となった。首長は賛否両論の地域住民が存在するなかでいかにして合意形成を図るべきか。公立の公共図書館は民主主義を象徴する施設である。首長のリーダーシップと説明責任が問われる事例であるが、それとともに地域社会に根ざした図書館政策の重要性もうかがうことができる。

（安藤友張）

# 索　引

## 欧　文

AED（自動体外式除細動器）　108
BOT（Build Operate Transfer）方式　160，162
BTO（Build Transfer Operate）方式　160
LCC（Life Cycle Cost）　157,158
Librahack 事件　118,120
NPM　124,126,127,146
PFI　156
PISA　33
PPP（Public Private Partnership）　157
VFM（Value For Money）　157,158,162,168

## あ　行

アーキビスト　37
新しい公共　152
アメリカ図書館協会（ALA）　43,49
有山崧　56
イギリスの「公共図書館のサービス基準」（2004年）　42
公の施設　7,14,87,145-146,150,151

## か　行

回想法　129
過疎地域自立促進特別措置法　190
過疎地域自立促進のための地方債　190
学校図書館法　27,70
関係性マーケティング　139
管理委託制度　86,87,90,144
危機管理　106
教育基本法　21
強制競争入札制度（CCT）　156
クライシス・マネジメント（crisis management）　106
クライマー事件　110
交通バリアフリー法　95
公文書館法　36

公文書等の管理に関する法律　37
公立図書館の設置及び運営上の望ましい基準　48
公立図書館の任務と目標　50
高齢者、障害者等の移動等の円滑化の促進に関する法律　95
高齢者、身体障害者が円滑に利用できる特定建築物の建築の促進に関する法律　95
高齢者、身体障害者等の公共交通機関を利用した移動の円滑化の促進に関する法律　95
顧客起点　129
国際人権規約　1
国際図書館連盟（IFLA）　54
国立国会図書館サーチ　24,116
国立国会図書館法　8,23,70
国会法　8
国家賠償法　147
子ども読書活動推進基本計画　31
子どもの読書活動の推進に関する法律　29

## さ　行

財団法人文字・活字文化推進機構　34
市場化テスト　125,156
司書教諭　27,29,34
指定管理者制度　69,86,87,89-91,128,130,134,140,144
島まるごと図書館　183-185,189
市民の図書館　50
社会教育調査（指定統計第83号）　148
社会教育法　19,21,35,62,145
社会教育法等の一部を改正する法律　35
書誌ユーティリティ（bibliographic utility）　8
私立図書館　16
審議会　44,45
全国学校図書館協議会　27
ゾーニング（zoning）　99

## た行

第一線図書館　44
大学設置基準　25,71
大学図書館基準　26
第二線図書館　44
小さな政府　125,127
地方教育行政の組織及び運営に関する法律　21,62,145
地方自治法　13
地方分権推進法　190
中小都市における公共図書館の運営　50
テクニカル・サービス　65,66
電子商品監視機器（Electronic Article Surveillance）　107
登録博物館　35
特別目的会社（SPC）　158
図書館員の問題調査研究委員会　74,79
図書館協議会　15,16,66
図書館サービス及び技術法　42
図書館同種施設　88
図書館法　21,35,72,145
　——施行規則　12,47
図書館法に拠らない図書館　14
図書館法に拠る公立図書館　185

## な行

ノーコントロール・ノーサポート　16
ノーマライゼーション（normalization）　94

## は行

ハートビル法　95
博物館相当施設　35
博物館法　21,35,145
パブリック・サービス　65,66
バリアフリー新法　95
日野市立図書館　56,63
ブック・ディテクション・システム（BDS）　107
ブックスタート　33,129,140
米国議会図書館（Library of Congress）　23
ボーンデジタル　53

## ま行

マーケティング　135-137
文字・活字文化振興法　32
問題利用者（problem patron）　110

## や行

矢祭もったいない図書館　179,180,189
ユネスコ学校図書館宣言　4
ユネスコ公共図書館宣言　3

## ら行

ラーニング・コモンズ（learning commons）　99
ランガナタン，シヤリ・ラマムリタ　94
リスク・マネジメント（risk management）　106
リビングウェッジ　149
連合国軍最高司令官総司令部（GHQ/SCAP）　46
労働者派遣法　83,84

## 監修者紹介

**山本順一**（やまもと・じゅんいち）
　早稲田大学第一政治経済学部政治学科卒業。早稲田大学大学院政治学研究科博士課程単位取得満期退学。図書館情報大学大学院図書館情報学研究科修士課程修了。現在、桃山学院大学経営学部・大学院経営学研究科教授。『行政法（Next教科書シリーズ）』（共著、弘文堂、2012年）、『情報の特性と利用：図書館情報資源概論』（編著、創成社、2012年）など。

## 執筆者紹介（＊は編著者、執筆順）

**山本順一**（やまもと・じゅんいち）第1章
　監修者紹介欄参照。

**松本直樹**（まつもと・なおき）第2章第1節～第2節、第3章、第4章
　上智大学法学部国際関係法学科卒業。東京大学大学院教育学研究科生涯学習基盤経営コース修了。博士（教育学）。現在、大妻女子大学社会情報学部助教。「地方議員の図書館への関心に関する予備的考察：埼玉県市議会の議会会議録分析をもとに」『日本図書館情報学会誌』（第54巻第1号、2008年）など。

**＊安藤友張**（あんどう・ともはる）第2章第3節～第8節、第10章、コラム（第2章、第4章、第6章、第8章、第9章、第10章、第12章）
　編著者紹介欄参照。

**薬師院はるみ**（やくしいん・はるみ）第5章、第6章
　京都大学大学院教育学研究科博士後期課程生涯教育学講座（図書館情報学）研究指導認定退学。京都大学博士（教育学、論文博士）。現在、金城学院大学文学部准教授。『名古屋市の1区1館計画がたどった道』（八千代出版、2012年）、『図書館・図書館研究を考える：知的自由・歴史・アメリカ』（共著、京都大学図書館情報学研究会、2001年）、『図書館情報専門職のあり方とその養成』（共著、勉誠出版、2006年）など。

**野村知子**（のむら・ともこ）第7章
　久留米大学大学院比較文化研究科前期博士課程文献情報学文化コース修了。同後期博士課程日本文科系修了。修士（学術）。現在、久留米大学非常勤講師。『図書館情報学用語辞典（第二版）』（共著、丸善、2002年）、「連想検索の現状と課題：GETAを用いたWebcat Plusを中心に」『図書館学』（第93号、2008年）など。

福永智子（ふくなが・ともこ）第8章
　京都大学文学部文学科卒業。東京大学大学院教育学研究科教育行政学専攻図書館情報学専修博士課程単位取得後満期退学。教育学修士。現在、椙山女学園大学教授。『新図書館法と現代の図書館』（共著、日本図書館協会、2009年）など。

永田潤子（ながた・じゅんこ）第9章
　海上保安大学校卒業。埼玉大学政策科学研究科（現：政策大学院大学）修了。修士（政策分析）。大阪大学経営学研究科博士後期課程単位取得満期退学。現在、大阪市立大学大学院創造都市研究科准教授。「創造経済と都市再生1」（共著、大阪公立大学共同出版会、2011年）、「創造経済と都市再生2」（共著、大阪公立大学共同出版会、2012年）など。

青柳英治（あおやぎ・えいじ）第11章、コラム（第11章）
　明治大学経営学部経営学科卒業、同大学院経営学研究科博士前期課程修了。筑波大学大学院図書館情報メディア研究科博士後期課程修了。博士（図書館情報学）。現在、明治大学文学部准教授。『専門図書館の人的資源管理』（勉誠出版、2012年）、『図書館・図書館学の発展：21世紀初頭の図書館』（共著、日本図書館研究会、2010年）など。

野口武悟（のぐち・たけのり）第12章
　埼玉大学教育学部卒業。筑波大学大学院図書館情報メディア研究科博士後期課程修了。博士（図書館情報学）。現在、専修大学文学部准教授、放送大学客員准教授。『一人ひとりの読書を支える学校図書館：特別支援教育から見えてくるニーズとサポート』（編著、読書工房、2010年）、『図書館サービスの可能性：利用に障害のある人々へのサービス　その動向と分析』（共編著、日外アソシエーツ、2012年）など。

《編著者紹介》

安藤友張（あんどう・ともはる）

1964年　愛知県生まれ。
1987年　同志社大学文学部文化学科教育学専攻卒業。
1989年　愛知教育大学大学院教育学研究科学校教育専攻修士課程修了。
現　在　九州国際大学経済学部教授。
著　書　「公立図書館経営における指定管理者制度導入に関する現状調査」『日本図書館情報学会誌』（Vol.55, No.4, 2008年, p.253-269.）。


講座・図書館情報学③
図書館制度・経営論
――ライブラリー・マネジメントの現在――

2013年3月25日　初版第1刷発行　　　〈検印省略〉
2016年1月15日　初版第2刷発行

価格はカバーに
表示しています

編著者　安　藤　友　張
発行者　杉　田　啓　三
印刷者　藤　森　英　夫

発行所　株式会社　ミネルヴァ書房
607-8494　京都市山科区日ノ岡堤谷町1
電話代表　(075)581-5191
振替口座　01020-0-8076

Ⓒ 安藤ほか, 2013　　　　　　　　　亜細亜印刷
ISBN978-4-623-06529-5
Printed in Japan

山本順一 監修

## 講座・図書館情報学

### 全12巻
Ａ５判・上製カバー

- ①生涯学習概論 　　　　　　　　　前平泰志 編著
- ②図書館概論 　　　　　　　　　　山本順一 著
- ＊③図書館制度・経営論 　　　　　　安藤友張 編著
- ＊④図書館情報技術論 　　　　　　　河島茂生 編著
- ⑤図書館サービス概論 　　　　　　小黒浩司 編著
- ⑥情報サービス論 　　　　　　　　高橋 昇 編著
- ⑦児童サービス論 　　　　　　　　塚原 博 著
- ⑧情報サービス演習 　　　　山田美幸・中山愛理 著
- ⑨図書館情報資源概論 　　　　　　郡司良夫 編著
- ⑩情報資源組織論 　　　　　　　　志保田務 編著
- ⑪情報資源組織演習 　　　竹之内禎・長谷川昭子 共編著
- ⑫図書・図書館史 　　　　　　　　三浦太郎 著

（＊は既刊）

ミネルヴァ書房
http://www.minervashobo.co.jp/